**Reiseführer**

W0085255

Prag

von Stefan Welzel und Franziska Neudert

 ADAC Top Tipps

Das müssen Sie gesehen haben!
Die zehn Top Tipps bringen Sie
zu den absoluten Highlights.

 ADAC Empfehlungen

Unterwegs gut beraten: Diese
25 ausgesuchten Empfehlungen
machen Ihren Urlaub perfekt.

Preise für ein DZ mit Frühstück:
€ | bis 80 €
€€ | bis 170 €
€€€ | ab 170 €

Preise für ein Hauptgericht:
€ | bis 8 €
€€ | bis 18 €
€€€ | ab 18 €

■ Intro

■ ADAC Quickfinder

*Hier finden Sie die Orte, Sehens-
würdigkeiten und Attraktionen,
die perfekt zu Ihnen passen.*

■ Unterwegs

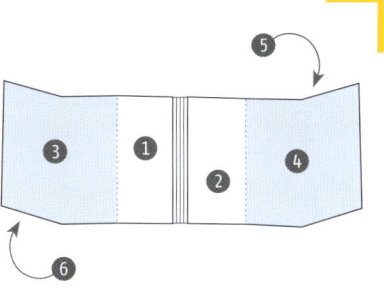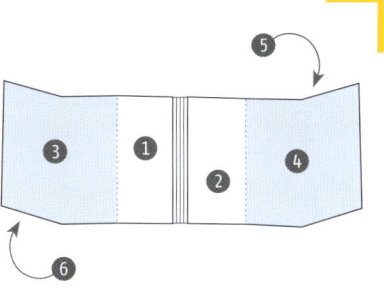
■ **Service**

Prag von A–Z 122

*Alle wichtigen reisepraktischen
Informationen – von der Anreise
über Notrufnummern bis hin zu
den Zollbestimmungen.*

 *Zu diesen Orten und Sehens-
würdigkeiten finden Sie Detailkarten
im Innenteil des Reiseführers.*

Umschlag:

 ADAC Top Tipps: Vordere
Umschlagklappe, innen **1**

 ADAC Empfehlungen: Hintere
Umschlagklappe, innen **2**

**Übersichtskarte Altstadt, Burg,
Kleinseite, Neustadt, Letná:**
Vordere Umschlagklappe, innen **3**
Übersichtskarte Stadtgebiet:
Hintere Umschlagklappe, innen **4**

Verkehrslinienplan: Hintere
Umschlagklappe, außen **5**
Ein Tag in Prag: Vordere
Umschlagklappe, außen **6**

Die mystische Schönheit an der Moldau

Romantisch, geschäftig, altertümlich, modern:
Prag präsentiert sich vielseitig und spannend

Blick von der Kleinseite auf Moldau, Karlsbrücke und die Prager Altstadt

Prag hat viele Namen: »Goldene Stadt«, »Stadt der hundert Türme«, »Mutter aller Städte«. Ein überragendes architektonisches Erbe in Verbindung mit einer lebendigen Kulturszene macht die tschechische Metropole zu einer der spannendsten und bedeutendsten Großstädte des Kontinents. Ihrem Charme kann man sich kaum entziehen. Das wusste schon Franz Kafka, den immer eine besondere Beziehung mit seiner Heimatstadt verband: »Prag lässt nicht los. Dieses Mütterchen hat Krallen. Da muss man sich fügen.« Das spüren auch Besucher, wenn sie durch die verwinkelten Gassen spazieren. Bis heute hat sich Prags Ruf als mysteriös-magischer Ort gehalten. Als würde der Golem – das sagenumwobene Geschöpf des Rabbi Löw (S. 34) – tatsächlich noch sein Unwesen in den dunklen Straßen treiben.

Karlsbrücke, Altstädter Ring und Prager Burg sind weltbekannt. Doch auch jenseits der klassischen Touristenmagnete gibt es vieles zu entdecken. Wie in einem riesigen Freilichtmuseum kann man regelrecht von Epoche zu Epoche, von Baustil zu Baustil, von Romanik bis zur Postmoderne springen. Mit seiner kubistischen Architektur

Vyšehrad gehört seit 1992 zum Weltkulturerbe der UNESCO. Die Stadt verdankt diesen glücklichen Umstand auch der Tatsache, zwei Weltkriege unbeschadet überstanden zu haben. Nicht überdauert hat das multiethnische und multikulturelle Prag, das über Jahrhunderte von Tschechen, Deutschen und Juden gemeinsam geprägt wurde. Von der alten Josefstadt – einst ein dichtes Geflecht verschlungener Straßen – sind nur einzelne Sehenswürdigkeiten erhalten geblieben, die dafür umso mehr beeindrucken.

Eine mehr als tausend Jahre lange, glorreiche Geschichte, zunächst als Sitz

Detail der Astronomischen Uhr am Altstädter Rathaus (unten) – Garten vor dem Palais Waldstein (ganz unten)

weist Prag sogar eine Besonderheit auf, die weltweit einzigartig ist. Faszinierende Beispiele sind das prächtige Palais Adria (S.75) oder das Haus zur Schwarzen Muttergottes (S.28).

Stolzes Weltkulturerbe

Prag ist ein einmaliges Denkmalschutzgebiet. Sein historischer Kern mit der Altstadt und dem Jüdischen Viertel, mit Kleinseite, Burg, Neustadt und dem

Handgeschnitzte Holzmarionetten im Laden des Puppenspielers Pavel Truhlář (S. 58) – Zum Reinbeißen süß: böhmische Zwetschgenknödel – Straßen-Ensemble in der Stadt der Musik

sche Bedeutung später schwand, blieb Prag bis heute eine wichtige europäische Kunst-, Kultur-, Wissenschafts- und Handelsmetropole. Zeugnis davon legen nicht nur die zahlreichen tollen Museen, Galerien, Theater und Konzerthäuser ab, sondern auch eine umtriebige, junge Kunstszene sowie ein vielfältiges Ausgeh-Angebot.

Im Herzen Europas

Nach dem Zweiten Weltkrieg verschwand Prag vierzig Jahre hinter dem Eisernen Vorhang. Der Boom des Städtetourismus ging zwar nicht ganz daran vorbei, traf die Moldaumetropole aber erst nach der Wende mit voller Wucht. In kürzester Zeit wurde die Stadt von Gästen aus dem Ausland überrannt. Prag lag plötzlich wieder da, wo es

der böhmischen Könige, später der römisch-deutschen Kaiser, hatte bereits im Mittelalter ein »Goldenes Zeitalter« gebracht. Und selbst als seine politi-

geografisch und kulturell schon immer war: im Herzen Europas. Für manche ging das viel zu schnell. Dem etwas grummeligen Gemüt der Böhmen waren die neuen Touristen-Horden und die vielen Expats, die nun sogar aus Übersee kamen, nicht ganz geheuer. Und das ist durchaus verständlich: Die Stadt wurde stellenweise geradezu »verkauft«. Kitsch und Kommerz überdeckten die Geschichte; wo einst Prager einkehrten, torkeln heute betrunkene Touristen durch die Straßen und feiern laut ihren Junggesellenabschied. Der Einheimische begegnet den fremden Festgesellschaften mit Skepsis und wendet sich genervt ab mit einem Spruch aus dem Reich seines tiefschwarzen Humors.

Böhmische Gelassenheit

Gerade dem Prager wird nachgesagt, nicht besonders (gast-)freundlich zu sein. Diesen Ruf genießt der »arrogante Hauptstädter« aber auch bei seinen Landsleuten. Das heißt jedoch nicht, dass der missmutige Kellner oder die wortkarge Verkäuferin stellvertretend für den typischen Prager stehen. Hinter der reservierten Fassade verbirgt

Prag lässt nicht los. Dieses Mütterchen hat Krallen. Da muss man sich fügen!

Franz Kafka
(Brief an Oskar Pollak, 1902)

sich nicht selten unterdrückte Neugier und ein belesener Geist. Es erstaunt nicht, dass die Tschechen mit zu den lesefreudigsten Völkern der Welt zählen. Wer nostalgisch ist, sollte sich einmal in eine Straßenbahn oder Metro setzen und darauf achten, womit sich viele der Passagiere beschäftigen.

Blick in den Hochchor des Veitsdoms im Herzen der Prager Burg

Selbst manch jungen Prager sieht man ein vergilbtes Buch aus der nahen Bibliothek vor die Nase halten. Natürlich ist das kein Ausdruck von Fortschrittsverweigerung – das Smartphone liegt ebenfalls griffbereit in der Tasche. Doch ist es ein sympathisches Zeugnis betulicher Zeitlosigkeit. Überhaupt erscheinen die Prager herrlich unaufgeregt und lassen sich nicht zu sehr hetzen. Wo es in anderen Großstädten hektisch zugeht, reagiert man mit Gelassenheit.

So auch beim liebsten Zeitvertreib des Pragers: dem Genuss des Feierabendbiers im geliebten Stammlokal. Das gilt nicht nur für trinkfeste Arbeiter. Auch nachmittags um drei Uhr kann es vorkommen, dass die beiden älteren Damen am Nebentisch eines schicken Cafés in der Neustadt lieber ein großes Pilsner bestellen als einen Cappuccino. Ins Gespräch kommt man als Besucher eher selten. Die Verständigung gestaltet sich vor allem bei den älteren Generationen schwierig, da sie oft keine Fremdsprache beherrschen, oder nur das ungeliebte Russisch. Ansonsten geht es mit Englisch, manchmal sogar mit Deutsch deutlich einfacher. Ist das Eis erst einmal gebrochen, kann man seinem Gegenüber so manche Anekdote entlocken.

Perfekte Mischung

Auch an ihren unbekannten Rändern ist die tschechische Hauptstadt einen Besuch wert. Es lohnt sich immer, das dichte Netz des Nahverkehrs zu nutzen und hinauszufahren zu entfernteren Vierteln, Naherholungsgebieten, Burgen oder Schlössern. Mancherorts

Vom Petřín aus öffnet sich ein herrliches Panorama über Prag und das Moldautal

begegnet man dort dem mondänen und modernen Prag, dann wieder scheint die Zeit in den 1970ern stehen geblieben zu sein. Besonders schön ist es auf den vielen grünen Kuppen der Stadt, wie dem Laurenziberg (Petřín), dem Veitsberg oder auf der Letná-Ebene, von welcher es dem Betrachter beim Blick auf Fluss und Innenstadt beinahe den Atem verschlägt.

Es ist die nahezu perfekte Mischung aus glanzvoller Architektur, vielfältigem Kulturangebot und wunderschöner Lage an der Moldau, die Prag so einzigartig macht. Wer die Stadt besucht, wird kaum bezweifeln, dass Kafka recht hatte. Und passt man sich der stillen und gemütlichen Art ihrer Bewohner an, so bietet Prag die Möglichkeit, sich sogar im Städteurlaub ein wenig zu erholen.

Sprache Tschechisch

Währung Tschechische Krone (Kč/CZK)

Fläche 496 km² (das entspricht gut der Hälfte der Fläche von Berlin)

Einwohner 1,280 Mio.

Tourismus Jedes Jahr besuchen etwa 7 Mio. Touristen die tschechische Metropole. Sie gehört damit zu den beliebtesten Städtereisezielen Europas.

Religion Tschechien ist das am stärksten säkularisierte Land Europas. Fast 80 % der Bevölkerung bekennen sich nicht zu einer Religionsgemeinschaft. Nur ca. 10 % sind Katholiken.

Bierkonsum pro Kopf 143 l/Jahr (Weltranglistenplatz eins)

Das lieben die Prager Hunde! In Tschechien soll in 40 % aller Haushalte mindestens einer leben, in Prag über 100 000.

Berühmte Prager Karl IV., Bernard Bolzano, Franz Kafka, Rainer Maria Rilke, Egon Erwin Kisch, Jaroslav Seifert, Bertha von Suttner, Václav Havel, Antonín Panenka

Das will ich erleben

Prags Einzigartigkeit beruht nicht allein auf dem prachtvollen architektonischen Erbe. Die Stadt ist eine lebendige Millionenmetropole mit exzellenten Museen und Galerien, einer reichen Kulturszene, vielen trendigen Bars, Cafés und Clubs sowie tollen Ausflugszielen ins Grüne. Ein tschechisches Sprichwort besagt, die Magie der Stadt sei unergründlich. Doch nimmt man die Mühe auf sich, auch abseits der Touristenpfade nach dem Schönen und Außergewöhnlichen zu suchen, kann man ihn finden: den verführerischen und vielseitigen Charme der Goldenen Stadt.

Perlen des Jugendstils

Eine von vielen Prager Blütezeiten in Kunst und Architektur war der Jugendstil. Manch repräsentatives Gebäude entstand in dessen üppig dekorativer Bauart. Und mit Alfons Mucha wirkte einer der einflussreichsten Secessions-Künstler in der Goldenen Stadt.

Brennpunkte der Weltgeschichte

Die spezielle Lage mitten in Europa prädestiniert die ehemalige Kaiserstadt geradezu, immer wieder im Zentrum wichtiger historischer Ereignisse zu stehen. In der über tausendjährigen Geschichte Prags fanden wegweisende Schlachten, Attentate und Umstürze statt.

Kultbars und Partymeilen

Prag zieht mit seinen tollen Clubs das internationale Partyvolk an. Daher erstaunt es nicht, dass die Stadt ein äußerst beliebtes Ziel für Abitur-Reisen ist. Doch auch ein eher konservatives Ausgeh-Publikum kommt hier auf seine Kosten – dank erstklassiger Konzerthäuser und einer vielfältigen Bar-Szene.

Böhmische Kneipenatmosphäre

Tschechiens Küche ist bekannt für herzhafte Gerichte. Meist sind sie fleischlastig, an schweren Soßen angerichtet und werden mit Knödeln serviert – nichts für empfindliche Mägen. Dazu gehört ein Frischgezapftes – mit einem passenden, typischen Bier-Snack als Vorspeise.

Fantastische Aussichten

Die vielen Hügel in und um die Innenstadt sind nicht nur wunderbare Naherholungsgebiete, sondern bieten oft spektakuläre Aussichten. Von hier aus eröffnen sich Panoramen, die den kurzen Aufstieg auf jeden Fall wert sind.

Schöne Märkte und charmante Läden

Prag ist zwar keine klassische Shopping-Destination wie Paris oder London. Dennoch bieten sich rund um den Wenzelsplatz viele Einkaufsmöglichkeiten vom internationalen Modelabel-Ableger bis zum lokalen Designerladen. Und auf den zahlreichen Märkten lässt sich wunderbar nach Schnäppchen jagen.

Kunst von Weltrang

Die reiche Geschichte der Stadt spiegelt sich in den zahlreichen Galerien und ihren herausragenden Sammlungen wider. Die Palette reicht von bedeutenden Mittelalter-Ikonen über niederländische und italienische Meister der Renaissance bis zu spannender Gegenwartskunst.

Die Stadt der hundert Türme

Diesen Beinamen verdankt Prag der wunderbaren Silhouette seiner Altstadt. Doch auch außerhalb des Zentrums hat man hoch gebaut. Mancherorts blickt man bis weit in die mittelböhmische Landschaft hinaus.

Das mystische Prag

Die alte Architektur Prags war schon immer Nährboden für Mythen und geheimnisvolle Geschichten. In unzähligen Winkeln erfüllt ein sonderbarer Zauber die historische Innenstadt. Lassen Sie sich verführen – die beste Zeit dafür ist der neblige Herbst.

Die grünen Oasen der Metropole

Es braucht keine langen Ausfahrten, um dem Prager Asphalt-Dschungel zu entkommen. Parks und Naherholungsgebiete gibt es zuhauf. Dort verleiht die Stadt dem Besucher der grünen Inseln das erstaunliche Gefühl, weit draußen auf dem Land zu sein.

Live-Musik von Klassik bis Rock

Die Moldaustadt hat zahlreiche große Komponisten zu wundervollen Melodien inspiriert. Heute ist sie Heimat einer vielseitigen Musikszene, und ihre tollen Konzerthäuser ziehen nationale wie internationale Stars aller Stilrichtungen an.

Unterwegs

Wahrzeichen im Abendlicht: Die Kleinseitner Brückentürme markieren den westlichen Zugang zur Karlsbrücke

Altstadt und Josefov – Das magische Prag

Der ganz besondere Zauber einer über tausendjährigen Geschichte prägt das historische Zentrum

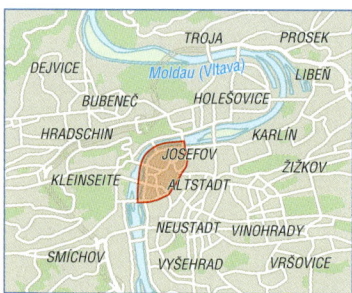

In diesem Kapitel:

Sobald man die Grenzen zur Altstadt (Staré Město) überschreitet, eröffnet sich dem Besucher ein einzigartiges Panoptikum europäischer Baukunst. Dem besonderen Hauch einer über tausendjährigen Geschichte kann sich kaum jemand entziehen. Viele der Sehenswürdigkeiten reihen sich an dem ehemaligen Krönungsweg der böhmischen Herrscher, der vom spätgotischen Pulverturm aus quer durch die Altstadt bis zur Karlsbrücke und danach auf die Prager Burg führt. Taucht man anschließend ein in das Labyrinth mittelalterlicher Gassen, so begegnen einem auf Schritt und Tritt die pompösen Erzeugnisse fürstlicher, geistlicher und bürgerlicher Architektur. Tagsüber gehört die Altstadt überwiegend den Touristen. Erst abends legt sich der Rummel ein wenig. In diesen Stunden bietet sich die Möglichkeit, im schummrigen Licht der Straßenbeleuchtung das legendäre »Magische Prag« zu erkunden.

ADAC Top Tipps

1 **Altstädter Ring**
| Platz |
Das pittoreske Herz der Altstadt und für viele einer der prächtigsten Plätze Europas. Hier entfaltet sich der historische Reichtum der Stadt am eindrucksvollsten. 18

2 **Alter Jüdischer Friedhof**
| Begräbnisstätte |
In der Begräbnisstätte des alten jüdischen Viertels türmen sich 12 000 Grabstelen auf engstem Raum. Ein mystischer Ort der Stille und Andacht. 34

Karlsbrücke

| Brücke |

Das bekannteste Prager Wahrzeichen verbindet seit über 600 Jahren die Flussufer. Eine der ältesten und schönsten Steinbrücken Europas ist touristischer Anziehungspunkt. 39

ADAC Empfehlungen

Altstädter Rathaus

| Architektur |

Der rund 40 m hohe Turm bietet einen spektakulären Blick über die Dächer der Altstadt. 19

Lehká hlava

| Restaurant |

Eines der besten Restaurants am Platz. Rein vegetarische Küche und romantische Einrichtung. 26

Haus zur Schwarzen Muttergottes

| Architektur |

Ein Meisterwerk kubistischer Architektur mit Ausstellung und Café, in dem

sogar die Kuchenstücke kubistisch geschnitten sind. 28

Altneu-Synagoge

| Gotteshaus |

Das frühgotische Bethaus zählt zu den ältesten seiner Art in Europa. 34

Altstädter Ring (Staroměstské náměstí)

Wo das wahre Herz der Stadt schlägt

Die gotische Teynkirche gegenüber dem Rathaus dominiert den Altstädter Ring

 i **Information**

■ Metro A (Staroměstská); Metro A/B (Můstek)

■ Prague City Tourism, Staroměstské náměstí 1, Tel. 221 714 714, tgl. 9–19 Uhr, www.praguecitytourism.cz/en

■ Parken: siehe S. 23, 31, 37

 Einer der schönsten Plätze in ganz Europa

Auf dem rund 9000 m² großen Altstädter Ring kristallisieren sich Geschichte, Reichtum und architektonische Vielfalt Prags. Das einzigartige Ensemble aus gotischem Rathaus, barocken Palästen, prachtvollen Kirchen und symbolträchtigem Denkmal war jahrhundertelang Marktplatz und gesellschaftliches Zentrum. In den ruhigeren Abend- und Nachtstunden entfaltet es einen märchenhaften Zauber. Tagsüber schieben sich Touristen von einer Sehenswürdigkeit zur nächsten und werden von Imbissbuden, Straßenmusikern und Touristenführer umworben. Dennoch: Der imposante und wunderschöne Platz ist ein Muss für jeden Prag-Besucher. Die Gassen und mittelalterlichen Arkaden rundherum bergen weitere Attraktionen, die vor allem historisch Interessierte nicht verpassen sollten.

Plan
S. 20

bietet dank seiner Galerie eine spektakuläre Aussicht. Bekannt ist das Rathaus für seine Astronomische Uhr, den Orloj. Seine ältesten Teile, das Uhrwerk und das astronomische Zifferblatt, wurden 1410 angefertigt. Die Scheibe zeigt die böhmische Zeit von einem Sonnenuntergang zum nächsten an, der kleinere Ring Monat, Mond- und Planetenstand. Besonderes Spektakel bietet das stündliche Glockenspiel (9–21 Uhr), begleitet vom »Männleinlaufen«. Zum Rathausensemble gehört auch das Eckhaus U minuty, dessen Renaissance-Fassade Sgraffiti mit antiken und biblischen Allegorien zieren.

■ Staroměstské náměstí 1/3, www.staromestskaradnicepraha.cz, historische Räume Mo 11–18, Di–So 9–18 Uhr, Turm mit Plattform Mo 11–22, Di–So 9–22 Uhr, 250 CZK, erm. 150 CZK

ADAC *Mobil*

In Prag empfehlen sich **öffentliche Verkehrsmittel** (Automaten in Metro- und vielen Tramstationen). Die Taktdichte ist vorbildlich, Nacht-Tramlinien verkehren die ganze Woche (alle 30 Min.). Fahrschein: 24 (30 Min.) und 32 CZK (90 Min.), auch Tages- und 3-Tage-Pässe. Mit der **Prague Card** (2–4 Tage, S. 124) kann man viele Sehenswürdigkeiten besuchen und umsonst Metro, Tram und Bus fahren. Verkaufsstellen: u. a. Touristen-Informationen, Metro-Stationen Museum und Anděl. *www.dpp.cz/de, www.praguecard.com*

 Sehenswert

 Altstädter Rathaus
| Architektur |

Mit Astronomischer Uhr und herrlicher Aussicht vom Turm

Der erste Sitz einer Prager Stadtregierung wurde in der ersten Hälfte des 14. Jh. im frühgotischen Stil errichtet. 1338 bezogen die Abgeordneten aus den Patrizierfamilien das Altstädter Rathausgebäude (Staroměstská radnice), das über die Jahrhunderte mehrere Veränderungen erfuhr. Ein neogotischer Rathaussaal wurde 1945 größtenteils zerstört und danach nicht wieder aufgebaut. Der Rathausturm

ⓑ St. Nikolaus
| Kirche |

Im Nordwesten schließt St. Nikolaus (Kostel sv. Mikuláše) den Altstädter Ring ab. Der Barockbau wurde zwischen 1732 und 1735 nach den Plänen des böhmischen Baumeisters Kilian Ignaz Dientzenhofer errichtet. Die Bischofs- und Landesheiligen-Statuen, die die Fassaden und Türme zieren, wurden entgegen dem barocken Zeitgeist nüchtern und sachlich gestaltet. Seine eindrucksvolle Wirkung als architektonischer Kontrast zur Teynkirche quer gegenüber verdankt der Sakralbau der Tatsache, dass er seit 1901 gegen den Platz hin frei steht. Heute finden hier täglich zwei klassische Konzerte statt.

■ Staroměstské náměstí 1101, www.svmikulas.cz, Mo–Sa 10–18, So 12–16 Uhr

ⓒ Jan-Hus-Denkmal
| Monument |

Die monumentale Plastik (Pomník Mistra Jana Husa) dominiert den Altstädter Ring, sofern Marktbuden oder andere Event-Aufbauten den Blick nicht verstellen. Als Vertreter des Symbolismus war es dem Künstler Ladislav Šaloun ein Anliegen, seinem Werk Tiefe und schlichte Eindringlichkeit zu verleihen. Es wurde 1915 zum 500. Todestag des böhmischen Reformators Jan Hus eingeweiht. Also mitten im Ersten Weltkrieg, zu einer Zeit, in der das tschechische Nationalbewusstsein sich bald erstmals zu einem eigenen, modernen Staat ausformen sollte. Politisch brisant war die Tatsache, dass damals noch eine große Mariensäule als Symbol der von den Habsburgern aufgezwungenen Rekatholisierung Böhmens in unmittelbarer Nähe stand.

Jan-Hus-Denkmal vor dem Palais Goltz-Kinsky (Dependance der Nationalgalerie)

d Palais Goltz–Kinsky
| Prachtbau |

Ein weiteres, für seine Stilepoche herausragendes Bauwerk stellt das Palais Goltz-Kinsky (Palác Goltz-Kinských) dar. Zwischen 1755 und 1765 erbaut, kombiniert es verspielten Rokoko (man beachte den Stuck) mit Elementen des Klassizismus (prägnante, strenge Linienführung). Ende des 19. Jh. diente ein Teil des Gebäudes als Gymnasium, in dem u. a. Franz Kafka, Franz Werfel und Max Brod die Schulbank drückten. 1948 erklärte Klement Gottwald vom Balkon aus die Machtübernahme der Kommunistischen Partei. Heute beherbergt das Palais Kinsky einen Ableger der Nationalgalerie, in dem Exponate asiatischer Kunst zu sehen sind.

■ Staroměstské náměstí 12, Tel. 224 301 122, www.ngprague.cz, tgl. 10–18 Uhr, 150 CZK, erm. 80 CZK

Gefällt Ihnen das?

Franz Kafka ging im Palais Goltz-Kinsky zur Schule. Möchten Sie weiter den Prager Spuren des Literaten folgen? Dann lesen Sie mehr zum **Prager Kreis** (siehe »Im Blickpunkt«, S. 58) und besuchen Sie das **Franz Kafka Museum** (S. 57) sowie sein Grab auf dem **Neuen Jüdischen Friedhof** (S. 91).

e Haus zur Steinernen Glocke
| Prachtbau |

Der gotische Bau gehört zu den historisch bedeutendsten Orten der Stadt. Erstmals erwähnt wurde er 1332. Doch man nimmt an, dass das Haus zur Steinernen Glocke (Dům U Kamenného zvonu) bereits rund 30 Jahre früher als Stadtpalast für den hohen Adel errichtet wurde. Seine prachtvolle Dekora-

Nationales Marionettentheater:
Mozarts Oper »Don Giovanni«

tion lässt vermuten, dass es ab 1310 als Wohnstätte für den jungen Herrscher Johann von Luxemburg und dessen böhmische Braut Elisabeth diente. Möglich, dass deren Sprössling, der spätere Kaiser Karl IV. (S. 114), hier seine ersten Gehversuche machte. Im 17. Jh. wurde das Haus barockisiert, erst in den 1960ern die alte Fassade saniert. Wie sein Nachbar, das Palais Goltz-Kinsky, dient es als Galerie mit wechselnden Ausstellungen.

◼ Staroměstské náměstí 13, www.ghmp. cz/dum-u-kamenneho-zvonu, Di–So 10–20 Uhr, 120 CZK, erm. 60 CZK

f Teynkirche
| Kirche |
Neben dem Alten Rathaus setzt die Marienkirche (Chrám Matky Boží před Týnem) einen markanten architektoni-

schen Akzent. Im 14. Jh. ließ Karl IV. den Grundstein für einen Bau legen, der alle anderen Gebäude der Umgebung überstrahlen sollte. Die typisch gotische Kirche erhielt im 15. und 16. Jh. ihre endgültige Gestalt – die beiden Türme wurden später aufgesetzt. Im Gotteshaus liegt der berühmte Astronom Tycho Brahe begraben. Zugang findet man durch einen Arkadenbogen im vorgelagerten Haus. Im Teynhof hinter der Kirche mussten Kaufleute Zollgebühr (»Ungelt«) entrichten. Auffälligstes Gebäude ist der Renaissance-Palast neben dem westlichen Hoftor, das Ungelt-Haus.

◼ www.tyn.cz, März–Dez. Di–Sa 10–13, 15–17, So 10.30–12 Uhr, 25 CZK (Spende)

g St. Jakobus d. Ä.
| Kirche |
100 m hinter der Teynkirche liegt die Bazilika sv. Jakuba. Ursprünglich stand hier ein gotisches Gotteshaus, das Mitte des 14. Jh. von Johann von Luxemburg, dem Vater Karls IV., in Auftrag gegeben wurde. Zwischen 1690 und 1702 wurde ihr ein barockes Erscheinungsbild verliehen. Eine Sakristei mit gotischem Kreuzgewölbe an der Nordseite zeugt von der ehemaligen Architektur. Musikalisches Herz ist die mit 8277 Pfeifen ausgestattete Orgel von 1705. In der Basilika finden regelmäßig Orgelkonzerte statt.

◼ Malá Štupartská 6, www.praha.minorite. cz, Di–Sa 9.30–12, 14–16, So 14–16 Uhr

h Grévin Praha
| Wachsfigurenkabinett |
Die Zeltnergasse (Celetná) verbindet das westliche Ende der Altstadt und den Platz der Republik mit dem Altstädter Ring. Entsprechend attraktiv ist die stark frequentierte Flaniermeile für

Souvenir- und Ramschläden aller Art. Hinter einer der schönen barocken Häuserfronten, die auch diese Gasse säumen, ist das Wachsmuseum Grévin Praha zu Hause. Hier finden sich die üblichen lebensgroßen Wachsrepliken internationaler Pop- und Filmstars sowie einheimischer Sänger (Karel Gott) oder historischer Persönlichkeiten wie Regentin Maria Theresia.

◼ Grévin Praha, Celetná 15, Tel. 226 776 776, www.grevin-praha.com, tgl. (variabel), 369 CZK, erm. 310 CZK

Palais Clam-Gallas
| Prachtbau |

Einen Hauch Italien versprüht dieser Adelspalast (Clam-Gallasův palác) des frühen 18. Jh., errichtet von Jan Václav Gallas, Vizekönig von Neapel. Für das Palais beauftragte er die Italiener Giovanni Domenico Canevalle (Architekt) sowie Giovanni Pietro della Torre (führender Steinmetz). Die imposanten, Säulen tragenden Atlantenpaare am Eingangsportal sind Meisterwerke barocker Plastik. Heute beherbergt das Palais das Stadtarchiv und eine Abteilung der Nationalgalerie. In den Repräsentationssälen finden Ausstellungen, Konzerte und Konferenzen statt.

◼ Husova 20, www.ahmp.cz

Stadtbibliothek
| Architektur |

Das Hauptgebäude der Stadtbibliothek (Městská knihovna) wurde Ende der 1920er-Jahre erbaut. Verantwortlich war František Roith, ein Schüler des Wiener Architekten Otto Wagner. Roith erstellte ein schlichtes, auf vielseitige Nutzung ausgerichtetes Kulturhaus im Stil der Moderne. Das Gebäude war nicht nur als Hauptsitz der Stadtbibliothek geplant, sondern sollte

mit Konzert- und Ausstellungsräumen ein Zentrum geistigen Lebens in der neuen Tschechoslowakischen Republik werden. Im Ostflügel befindet sich die Wohnung des Prager Oberbürgermeisters im Art-Déco-Stil (das neue Rathaus liegt schräg gegenüber). Seit 1992 ist im zweiten Stock ein Ableger der Hauptstadtgalerie (Galerie hlavního města Prahy) untergebracht. Zu sehen sind wechselnde Ausstellungen zeitgenössischer Kunst.

◼ Mariánské náměstí 1, Tel. 222 113 555, www.mlp.cz, Mo 13–20, Di–Fr 9–20 Uhr
◼ Galerie-Eingang Valentinská, Tel. 222 310 489, www.ghmp.cz, Di–So 10–18, Do 10–20 Uhr, 120 CZK, erm. 60 CZK

Nationales Marionettentheater
| Puppenbühne |

In einem Seitentrakt der Stadtbibliothek findet sich ein besonderes kulturelles Kleinod. Im Marionettentheater (Národní divadlo marionet) inszenieren seit 1991 Puppenspieler Werke von Wolfgang Amadeus Mozart, meist dessen in Prag uraufgeführte Oper »Don Giovanni«. Die Wurzeln des tschechischen Puppenspiels reichen bis ins Mittelalter, Bedeutung erlangte es zur Zeit der »Nationalen Wiedergeburt« im 19. Jh. Seit 2016 zählt es zum immateriellen Kulturerbe der UNESCO.

◼ Žatecká 1, Tel. 224 819 322, www. mozart.cz, tgl. Aufführungen, 590 CZK, erm. 490 CZK

Parken

Parking Kotva Direkt unter dem Kaufhaus Kotva befindet sich ein Nonstop-Parkhaus mit 350 Plätzen. ◼ Náměstí Republiky 8, Tel. 734 204 322, 50 CZK/Std. (in der Nacht 30 CZK/Std.), Plan S. 20 c1

⅋ Restaurants

€ | Country Life Vegetarisches Selbstbedienungsrestaurant. Beliebt bei Einheimischen für einen schnellen und günstigen Imbiss. ■ Melantrichova 15, Tel. 224 213 366, www.countrylife.cz, abends geschl., Plan S. 20 b3

€€ | Mincovna Klassische böhmische Gerichte in modernem Ambiente zu vernünftigen Preisen. ■ Staroměstské náměstí 7, Tel. 727 955 669, www.restaura cemincovna.cz, Plan S. 20 b2

☕ Cafés

Modrý Orel Gemütliches, ländlich eingerichtetes, traditionelles Café im Teynhof. ■ Týn 643, Tel. 777 110 115, www.modryorel.cz, Plan S. 20 b2

🛍 Einkaufen

Bric à Brac Sympathisches kleines Antiquariat mit Flohmarkt-Charme. ■ Týnska 7, Tel. 222 326 484, www.prague-antique-shop.com, Plan S. 20 b2
Erpet Fachgeschäft für böhmisches Kristallglas am Altstädter Ring. ■ Staroměstské náměstí 27, Tel. 224 229 755, www.erpetcrystal.cz, Plan S. 20 b2/3

🎈 Events

Lichtfest Auf dem Altstädter Ring finden große Ostern- und Weihnachtsmärkte statt. Stehen wichtige Fußball- oder Eishockeyturniere an, ist er oft Ort für Public Viewing. Am schönsten ist er aber, wenn Mitte Oktober das Lichtfest »Signal« stattfindet. Spezielle Installationen auf den Häuserfassaden lassen den Altstädter Ring wortwörtlich in »anderem Licht« erstrahlen. ■ www. signalfestival.com

2 Südliche Altstadt

Durch verwinkelte Gassen zur herrlichen Aussicht am Smetana-Kai

■ Metro A (Staroměstská); Metro B, Tram 9, 18, 22, 93, 97 (Národní třída)

Die südliche Altstadt rund um deren Kern, den Bethlehemsplatz (Betlémské náměstí), bietet dem Besucher das typische historische Altstadt-Flair, für das Prag so bekannt ist. Die engen Gassen laden geradezu zum Flanieren ein. Kennt man sich nicht aus und ist ohne Stadtplan oder Smartphone-Navigation unterwegs, verirrt man sich schnell. Auch hier sind stets viele Touristen unterwegs, doch herrscht deutlich weniger Betrieb als rund um den Altstädter Ring. Und nimmt man sich etwas Zeit, kann man das eine oder andere kulturelle und gastronomische Highlight entdecken, das seinen ganz eigenen, authentischen Charme versprüht.

👁 Sehenswert

St. Ägidius
| Kirche |
Auffällig an dem von außen wuchtig wirkenden gotischen Bau sind die drei gleich hohen Kirchenschiffe sowie der Umstand, dass St. Ägidius (Kostel sv. Jiljí) über keinen Chorabschnitt verfügt. Erbaut Mitte des 14. Jh., wurde die Kirche ab 1432 nach einem Feuer restauriert. Nach 1732 nahm der Dominikanerorden als neuer Besitzer eine umfassende Neugestaltung des Innenraums im barocken Stil vor. Herausragend sind die Gewölbefresken des böhmischen Malers Wenzel Lorenz Reiner, die Szenen aus dem Leben

Smetana-Kai: Uferpromenade mit Blick auf Karlsbrücke, Hradschin und Veitsdom

der Ordensheiligen Dominik und Thomas von Aquin darstellen.

■ Husova 8, Tel. 224 218 440, www. praha.op.cz, Führungen nach Absprache

Bethlehemsplatz
| Platz |

Die Hus-Gasse, zentrale Achse durch die südliche Altstadt, mündet in den Bethlehemsplatz (Betlémské náměstí). Hier bilden architektonische Vertreter fast jeder Epoche seit dem Mittelalter ein heterogenes Gefüge. Von historischer Bedeutung ist die Bethlehemskapelle (Betlémská kaple) an der nordöstlichen Ecke. Der gotische Bau, zu Beginn des 15. Jh. Wirkungsstätte des Reformators Jan Hus, wurde im 18. Jh. abgerissen. Nach Überresten der Umfassungsmauern konnte das Gebäude Mitte des 20. Jh. in seinem spätmittelalterlichen Erscheinungsbild rekonstruiert werden. Am westlichen Platzende liegt das Völkerkundemuseum (Náprstkovo muzeum, www.nm.cz).

St. Martin in der Mauer
| Kirche |

An der Grenze zwischen Altstadt und Národní třída steht die etwas gedrungene gotische Kirche St. Martin in der Mauer (Kostel sv. Martina ve zdi). Auch dieses Gotteshaus weist wie viele andere in Prag Stilelemente mehrerer Epochen auf. So ist das romanische Hauptschiff aus der Mitte des 13. Jh. erhalten geblieben. Der rechteckige Chor mit frühgotischem Netzrippengewölbe wurde zwischen 1360 und 1370 erbaut. Das Barockportal stammt von 1779. Den Namen hat die Kirche aufgrund ihrer ehemaligen Grenzlage: Ihre Südwand wurde im 14. Jh. in die Stadtbewehrung einbezogen. Die Kirche ist Sitz der deutschsprachigen Evangelischen Gemeinde Prags. Ihre Gottesdienste finden sonntags um 10.30 Uhr statt.

■ Martinská 8, www.martinvezdi.eu, www.evprag.cz, nur bei Gottesdiensten und Sonderkonzerten geöffnet

Rotunde des hl. Kreuzes
| Kirche |

Zwischen Bethlehemsplatz und Moldau-Ufer liegt Ecke Konviktská und Karoliny Světlé einer der ältesten Sakralbauten der Stadt, die kleine romanische Rotunda Nalezení sv. Kříže (12. Jh.). Bruchstücke gotischer Fresken wurden im 19. Jh. restauriert, nachdem sich der Künstlerverein der Stadt erfolgreich gegen den Abriss wehrte. Heute ist sie im Besitz der Altkatholischen Gemeinde Prags.

■ Karoliny Světlé, www.starokatolici.cz

Smetana-Kai
| Uferpromenade |

Eine atemberaubende Aussicht bietet das Smetana nábřeží, mit dem die Altstadt zur Moldau hin endet. Der Blick auf Karlsbrücke und Burg ist klassisches Postkarten- und Fotomotiv. Das südliche Ende markiert die Grenze zur Neustadt mit dem Nationaltheater. Am nördlichen Gegenpol nahe der Karlsbrücke liegt auf einer kleinen Landzunge das Muzeum Bedřicha Smetany, erbaut in den 1880ern im Neorenaissance-Stil. Seit 1936 beherbergt es eine Ausstellung über den Komponisten Bedřich Smetana (www.nm.cz).

 Restaurants

€ | **U Zlatého tygra** Die Gaststätte »Zum Goldenen Tiger« ist mehr Bierstube als Restaurant – authentische böhmische Kneipenatmosphäre mit frisch gezapftem Pilsner und herzhafter Küche. ■ Husova 17, Tel. 222 221 111, www.uzlatehotygra.cz

② €€ | **Lehká hlava** In dem kleinen Restaurant erwartet den Besucher ein kreatives Einrichtungskonzept zum Wohlfühlen. Auch Fleisch-

esser gehen zur Abwechslung gern in das wohl beste vegetarische Lokal der Stadt. ■ Boršov 2, Tel. 222 220 665, www.lehkahlava.cz

ADAC *Mittendrin*

Wer ortstypisch und authentisch essen gehen will, dem sei der Besuch einer **Jídelna** ans Herz gelegt – ein Selbstbedienungsrestaurant mit großen Portionen zu tiefen Preisen. Hier kommt man schnell und unkompliziert an böhmische Hausmannskost. Auf dem Menüplan dominieren Gulasch, Knödel und Schweinebraten. In den Restaurants verkehrt vor allem um die Mittagszeit ein Querschnitt der tschechischen Bevölkerung. Auch im Zentrum nahe der Altstadt findet sich mit der Jídelna Havelská Koruna ein solches Lokal.
Havelská 21/23, www.havelska-koruna.cz

 Cafés

Cafe Ebel Hübsche Café-Bar mit alternativem Flair, liebevoll zubereiteten Kaffee-Variationen und gutem Kuchenangebot. ■ Řetězová 9, Tel. 603 823 665

 Einkaufen

Pragtique Der etwas andere Souvenirladen in der kubistisch-funktionalistischen Laden-Passage Platýz. Garantiert kein Ramsch, dafür kunstvolle Designerstücke von der Postkarte über Kühlschrankmagnete bis T-Shirts. Originell, stilvoll, aber nicht ganz billig.
■ Pasáž Platýz, www.pragtique.cz

3 Ständetheater
Stavovské divadlo

Hier feierte im Oktober 1789 Mozarts Oper »Don Giovanni« Weltpremiere

■ Metro A/B (Můstek); Metro B, Tram 8, 15, 26, 91, 94 (Náměstí Republiky)
■ Železná, Tel. 224 901 448, www. narodni-divadlo.cz

Der klassizistische Bau am Ende des Obstmarktes (Ovocný trh) wurde 1783 mit Gotthold Ephraim Lessings »Emilia Galotti« eingeweiht. Das repräsentative Gebäude ist damit das älteste der drei großen Opernhäuser. Am 29. Oktober 1787 folgte die Uraufführung von Wolfgang Amadeus Mozarts »Don Giovanni«. Mozart selbst war damals in Prag zu Gast und dirigierte das Orchester. 1791 kam er erneut ins damalige Gräflich Nostitzsche Nationaltheater und stellte der Welt seine weniger bekannte Oper »La clemenza di Tito« vor. 1798 wurde das Theaterhaus an die böhmischen Stände verkauft, daher sein Name. Heute ist es Spielstätte des Nationaltheaters mit Schauspiel-, Ballett- und Opernaufführungen – natürlich gehört auch »Don Giovanni« zum festen Repertoire.

 Sehenswert

Karolinum
| Universität |

In unmittelbarer Nachbarschaft des Ständetheaters befindet sich das Karolinum. Hier wurde 1348 der Grundstein für die Karls-Universität gelegt. König Wenzel IV. integrierte 1383 das gotische Palais zunächst als Studentenwohnheim in die Lehranstalt. Das Erscheinungsbild des Komplexes veränderte sich durch die Jahrhunderte mehrmals. Heute empfängt u.a. eine moderne Backsteinfassade den Besucher. Von dem ursprünglichen gotischen Gebäude ist nur noch ein Erker zu sehen.

■ Ovocný trh 5

Karolinum – Keimzelle der Prager Universität, links das Ständetheater

Im Blickpunkt

Kubismus

Sie wirken ein wenig windschief, im Vergleich zu ihren Nachbarbauten oft ein bisschen außerirdisch. Die kubistischen Häuser in Prag sind weltweit einzigartig. Mit Ausnahme von Jičín (Janák-Villa) soll es keine andere Stadt geben, in der man kubistische Architektur findet. Inspiriert von den Pariser Kubisten, versuchten die Architekten Pavel Janák, Josef Gočár, Josef Chochol oder auch Vlastislav Hofman, die verwinkelten Raumkompositionen von der Leinwand auf die Baukunst zu übertragen. Weiteres prominentes Beispiel neben dem **Haus zur Schwarzen Muttergottes** (siehe rechts) ist das Palais Adria (S. 75, unten) von Josef Zasche und Pavel Janák am Jungmann-Platz. Der Kubismus in der Architektur umfasste eine kurze Zeitspanne: Nur 1911–1915 entstanden kubistische Gebäude in Prag. Nach dem Ersten Weltkrieg entwickelte der Rondokubismus die Formelemente weiter, kombinierte sie mit Ornamenten der tschechischen Volkskunst.

 Einkaufen

Nákupní galerie Myslbek Moderne, übersichtliche Passage mit kleinen exklusiven Läden gehobener Kleider- und Schuhhersteller. ■ Ovocný Trh 8, www.ngmyslbek.cz

 Sport

Eislaufen Im Winter kann man auf dem Obstmarkt Schlittschuh laufen (tgl. 10–22 Uhr). Das Feld ist zwar etwas klein, dafür vor allem abends die Atmosphäre inmitten historischer Gebäude einzigartig. Schlittschuhverleih vor Ort.

4 Haus zur Schwarzen Muttergottes
Dům U Černé Matky Boží

 Ein herausragendes kubistisches Gesamtkunstwerk

■ Metro B, Tram 8, 15, 26, 91, 94 (Náměstí Republiky)
■ Ovocný trh 19, Kubismus-Museum: Tel. 778 543 902, Di 10–19, Mi–So 10–18 Uhr, www.czkubismus.cz, 150 CZK, erm. 80 CZK

Seinen Namen erhielt das 1912 von Josef Gočár fertiggestellte Haus zur Schwarzen Muttergottes von der Madonnen-Skulptur, die den barocken Vorgängerbau im 17. Jh. zierte und in die Fassade eingelassen wurde. Ansonsten steht das Gebäude ganz im Zeichen des Kubismus (siehe »Im Blickpunkt«, links). Mit facettenartig gebrochenen Fenstern, abgestuftem Mansarddach und ausgeprägten Simsen fällt es neben den barocken und klassizistischen Bürgerhäusern aus der

Reihe. Es beherbergt eine Dauerausstellung, die sich auf zwei Etagen dem Kubismus als Kunstphänomen widmet. Zu sehen sind kubistische Möbel, Tapeten, Geschirr, Grafiken, Malereien, Skulpturen und Spielzeug.

 Cafés

Grand Café Orient Ins Haus zur Schwarzen Muttergottes integriertes Kubismus-Kaffeehaus. Sogar die Kuchenstücke sind stilecht quadratisch geschnitten. ■ Tel. 224 224 240, www.grandcafeorient.cz, Mo–Fr 9–22, Sa, So 10–22 Uhr

5 Pulverturm
Prašná brána

Kunstvoll verzierter Turm als repräsentatives Zugangstor zur Altstadt

■ Metro B, Tram 8, 15, 26, 91, 94 (Náměstí Republiky)
■ Náměstí Republiky 5, tgl. Nov.–Feb. 10–18, März, Okt. 10–20, April–Sept. 10–22 Uhr, 100 CZK, erm. 70 CZK

Der imposante spätgotische Pulverturm markiert seit Ende des 15. Jh. den Beginn des Krönungswegs, den die Landesherrscher in einer Prozession hinauf auf die Prager Burg zurücklegten. Der »Neue Turm« diente zunächst als repräsentativer Bau, der gleich neben dem damaligen Königshof errichtet wurde. Nach seinem Umzug auf die besser befestigte Burg ließ Jagiellonen-König Vladislav II. die Arbeiten am Turm einstellen. Dieser erhielt ein provisorisches, schlichtes Dach und wurde ab dem 17. Jh. als Pulverlager genutzt. Seine heutige Form mit Walmdach, Umgang, Verzierungen und Sta-

Der spätgotische Pulverturm, einer von 13 Befestigungstürmen

tuen böhmischer Könige stammt aus dem späten 19. Jh. Der Turm ist begehbar und ganzjährig geöffnet.

6 Gemeindehaus
Obecní dům

Verspielter Jugendstil und Ausdruck tschechischen Nationalstolzes

■ Metro B, Tram 8, 15, 26, 91, 94 (Náměstí Republiky)
■ Náměstí Republiky 5, www.obecnidum.cz

Das Gemeindehaus markiert die Schnittstelle von Alt- und Neustadt am Westende des Platzes der Republik. Es ersetzte den 1904 abgerissenen alten

Königshof. Ausschließlich tschechische Architekten und Künstler von Rang arbeiteten 1906–1912 an der Errichtung des Jugendstil-Gebäudes mit. Viele Plastiken am und im Gebäude stammen von Ladislav Šaloun, der später auch das Jan-Hus-Denkmal auf dem Altstädter Ring (S.20) modellierte. Daneben wirkten berühmte Maler und Bildhauer wie Alfons Mucha und Josef Václav Myslbek an der Gestaltung der Innenräume mit. Als Repräsentationsbau der slawischen Bevölkerungsmehrheit war das Gemeindehaus, heute Galerie und Konzertsaal (siehe rechts), am 28. Oktober 1918 Schauplatz der Ausrufung der Ersten Tschechoslowakischen Republik.

 Restaurants

€€€ | **Art Nouveau** Das französische Restaurant im Gemeindehaus bietet exquisite Küche in authentischem Jugendstil-Ambiente. ■ Tel. 222 002 770, www.francouzskarestaurace.cz, tgl. 12–23 Uhr

 Cafés

Kavárna Obecní dům Im Erdgeschoss des Gemeindehauses befindet sich ein Jugendstil-Café. Für Liebhaber gehobener Kaffeehaus-Kultur ein Muss. ■ Tel. 222 002 763, www.kavarnaod.cz, tgl. 7.30–23 Uhr

 Einkaufen

Kaufhaus Kotva und **Shopping-Mall Palladium** In Nachbarschaft des Gemeindehauses liegen zwei der größten und beliebtesten Einkaufszentren der Innenstadt. ■ www.od-kotva.cz, www.palladiumpraha.cz

ADAC *Mittendrin*

Rund 150 m von Gemeindehaus und Platz der Republik entfernt befindet sich die **Fleischerei Naše maso**. Hier kaufen viele Bewohner aus der Umgebung ihr Qualitätsfleisch. Das Besondere an dem Laden: Man kann sich auch vor Ort verköstigen, denn die Fleischerei ist gleichzeitig ein kleines Bistro. Von Burger über Hotdogs bis zum Entrecôte gibt es Herzhaftes für zwischendurch.
Dlouhá 39, Tel. 222 311 378, www.nasemaso.ambi.cz

 Erlebnisse

Konzerte im Gemeindehaus Im Smetana-Saal des Gemeindehauses finden täglich Klassikkonzerte statt. Hier sind u.a. die Prager Symphoniker, eines der führenden Ensembles des Landes, zu Hause. ■ Tel. 222 002 107, www.obecnidum.cz, Ticket-Schalter tgl. 10–20 Uhr, Prager Symphoniker: www.fok.cz

7 **Agneskloster**
Anežský klášter

Klosterkomplex mit herausragender Ausstellung mittelalterlicher Kunst

■ Tram 8, 15, 26, 91, 94, Bus 207 (Dlouhá třída); Tram 17 (Právnická fakulta)
■ U Milosrdných 17

1231 gründete Prinzessin Agnes von Böhmen mit Unterstützung ihres Bruders Wenzel I. das Franziskanerkloster. Die jüngste Tochter des Přemysliden-Königs Ottokar I. stand dem Konvent als erste Äbtissin vor. Ein Kloster für

Glaubensbrüder war ebenso Teil der Ordensgemeinschaft. Der Komplex gilt als bedeutendster französisch beeinflusster Bau böhmischer Frühgotik. Ende des 18. Jh. geschlossen, wurde er erst nach dem Zweiten Weltkrieg instand gesetzt und ist heute in weiten Teilen zugänglich. In der Salvator-Kirche findet man die Grabstätten der heiligen Agnes und weiterer Vertreter des Königsgeschlechts der Přemysliden.

ter und Renaissance. Zu den Werken der Sammlung gehören eine romanische Muttergottes des späten 12. Jh. sowie der Altarzyklus des Meisters von Wittingau (heute das südböhmische Třeboň) aus den 1360er-Jahren. Seit 2016 ergänzen im Garten des Klosters Plastiken zeitgenössischer Künstler das Ausstellungs-Repertoire um eine moderne Note.

■ Tel. 778 725 086, Di–So 10–18 Uhr, www.ngprague.cz, 220 CZK, erm. 120 CZK

 Sehenswert

Nationalgalerie im Agneskloster
| Museum |
Der Klosterkomplex beherbergt eine Abteilung der Nationalgalerie. Die Dauerausstellung zeigt böhmische und mitteleuropäische Kunst aus Mittelal-

 Parken

Car Parking Hradební Nur rund 100 m östlich des Klosters, neben der Štefánik-Brücke (Štefánikův most) findet man einen kleinen Parkplatz für rund 100 Pkw. ■ Tel. 602 506 091, Mo–Fr 7–23, Sa 8–23, So 9–19 Uhr, 50 CZK/Std.

Platz der Republik (Náměstí Republiky): links das Gemeindehaus (Obecní dům)

8 Josefov

Geschichtsträchtig und schick – das alte jüdische Viertel Josefstadt

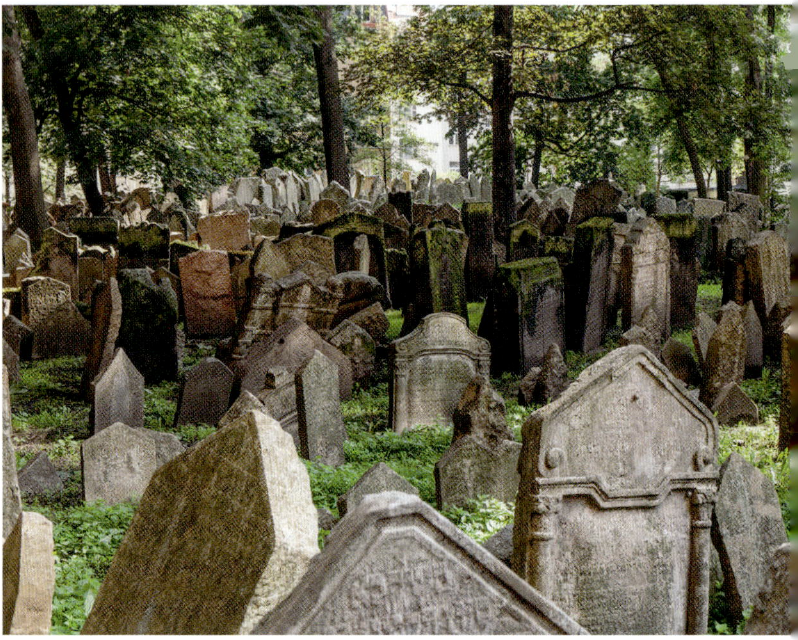

Alter Jüdischer Friedhof in der Josefstadt, einer der ältesten Europas

i Information

- Metro A, Tram 17, 18, 93, Bus 207 (Staroměstská)
- Prague City Tourism, siehe S. 18 und im Jüdischen Museum (siehe rechts)
- Parken: siehe S. 23, 37

Das ehemalige jüdische Viertel gehört dank herausragender Jugendstil-Häuser zu den schönsten Prags. Vom Erbe der jüdischen Bevölkerung, die über Jahrhunderte das Leben der Stadt mitprägte, zeugt noch ein halbes Dutzend Synagogen. Ab dem 13. Jh. entwickelte sich um die Altneu-Synagoge eine der größten Judenstädte Europas. Im ummauerten Ghetto lebten Juden in erbärmlich eingeengten Verhältnissen. Erst unter Regentschaft des Habsburger-Kaisers Joseph II. Ende des 18. Jh. verbesserte sich ihre Situation. Ihm zu Ehren trug das Viertel fortan den Namen Josefstadt (Josefov). 1893–1914 folgte die Assanierung – im Prager Zentrum wurde eine Fläche von 38 Fußballfeldern abgerissen. Besonders betroffen war das Judenviertel. Vom dichten Geflecht verwinkelter Gassen blieb wenig übrig. Die gegenwärtige Silhouette, geprägt von herrschaftlichen Jugendstil-Fassaden und dem prächtigen Boulevard Pariser Straße (Pařížská), ist das Ergebnis dieser Um-

Plan
S. 35

litischen Wende 1989 ihre Shops. Die prächtige Flaniermeile wird ihrem Namen gerecht, ähnelt sie doch einem Pariser Boulevard. Wer verspielte Jugendstil-Gebäude liebt, sollte seinen Blick auf die beeindruckenden Fassaden richten.

ⓑ Pinkas-Synagoge
| Gotteshaus |

Die zweitälteste erhaltene Synagoge des Viertels (Pinkasova synagoga) wurde 1535 von der Familie Horowitz gestiftet. Spätgotische Rippengewölbe, Renaissance- und Rokoko-Elemente schmücken das Bethaus, das ab 1955 als Gedenkstätte für böhmische und mährische Opfer des Holocaust diente. Nach der sowjetischen Invasion 1968 wurde es geschlossen und erst 1995 wieder der Öffentlichkeit zugänglich

gestaltung. Das Jüdische Museum mit sieben Ablegern vereint die erhaltenen Teile des ehem. jüdischen Viertels.
■ Jüdisches Museum: Tickets: Maiselova 15, Tel. 222 317 191, www.jewishmuseum. cz, tgl. außer Sa und jüdische Feiertage Ende Okt.–Ende März 9–16.30, sonst 9–18 Uhr, 500 CZK, erm. 160 CZK

 Sehenswert

ⓐ Pariser Straße
| Flaniermeile |

Am nördlichen Ende des Altstädter Ringes beginnt die Pariser Straße (Pařížská). Gucci, Prada und Rolex – Luxusmarken eröffneten nach der po-

ADAC *Mobil*

In Prag unüberlegt in das erstbeste **Taxi** zu steigen, kann schnell das Vielfache des Normalpreises kosten. Die Gilde genießt hier noch immer einen schlechten Ruf – oft nicht zu Unrecht. Mit den gelben Taxis des Unternehmens **AAA-Taxi** können Sie mit einem fairen Preis rechnen. Über die Internetseite lässt sich auch eine Bestell-App herunterladen. Natürlich gibt es inzwischen auch viele private Uber-Fahrer, die Sie noch billiger von A nach B bringen. *Tel. 14 014, Tel. 222 333 222, www.aaataxi.cz*

Spanische Synagoge im maurischen Stil, jüngstes jüdisches Bethaus Josefovs

gemacht. Neben der Tora-Nische sind die Namen von 77 297 Ermordeten auf die Wand geschrieben.

■ Široká 3, siehe Jüdisches Museum S. 33

ⓒ Alter Jüdischer Friedhof

| Begräbnisstätte |

 Ort der Ruhe abseits des Großstadtgetümmels

Am westlichen Rand Josefovs vereint der Alte Jüdische Friedhof (Starý židovský hřbitov) auf 11 000 m² rund 12 000 Grabstelen in bis zu zwölf Schichten übereinander. Das Areal neben der Pinkas-Synagoge diente vom 15. Jh. bis 1787 als letzte Ruhestätte für die Ghettobewohner. Viele Grabsteine sind mit Motiven verziert, die Aufschluss über die Tätigkeit des Toten geben oder den Namen symbolisieren. Berühmtestes

Grabmal ist das des Rabbi Löw alias Jehuda Liwa ben Bezalel (mit Löwen geschmückt), der als Gelehrter und Prediger auch bei Kaiser Rudolf II. hohes Ansehen genoss. Dem 1609 verstorbenen obersten Lehrer der Talmudschule wurden übernatürliche Kräfte nachgesagt. So soll er aus Ton einen überdimensionierten Diener geschaffen und diesen »Golem« dank eines magischen Zettels zum Leben erweckt haben, um die jüdische Bevölkerung vor Pogromen zu schützen.

■ Široká 3, siehe Jüdisches Museum S. 33

ⓓ Maisel-Synagoge

| Gotteshaus |

Ende des 16. Jh. gab Mordechai Maisel, Hofbankier und Vorsteher der jüdischen Gemeinde Prags, ein Gebetshaus (Maiselova synagoga) im Renaissance-Stil in Auftrag. Ein Großbrand 1689 beschädigte es stark, sodass später immer wieder Umbauten vorgenommen wurden. Sein heutiges neogotisches Erscheinungsbild stammt von der Wende vom 19. zum 20. Jh. Die Dauerausstellung dokumentiert die Geschichte der Juden in Böhmen vom 10. bis 18. Jh. Seit der letzten Restaurierung enthält die Schau zahlreiche interaktive Elemente. Besonders sehenswert: das digitalisierte Modell des Viertels vor der Assanierung.

■ Maiselova 10, siehe Jüdisches Museum S. 33

ⓔ Altneu-Synagoge

| Gotteshaus |

④ *Eine der ältesten im Original-Zustand erhaltenen Synagogen*

Die Prager Hauptsynagoge (Staronová synagoga) stammt aus der 2. Hälfte des 13. Jh. Das zweischiffige frühgotische

Gebetshaus zählt zu den ältesten des Kontinents und überstand Stadtbrände, Pogrome und Assanierung mehr oder weniger schadlos. In der Mitte des Gebetsraums steht ein mit Eisengitter umzäuntes Podium, der Almenor, wo aus der Tora vorgelesen wird, bevor die Rollen wieder im heiligen Schrein Aaron haKodesch in der Ostseite verstaut werden. Die kleinen Fenster an der Nordseite wurden im 18. Jh. für weibliche Besucher in die Wand geschlagen. Die Altneu-Synagoge gehört nicht zum Jüdischen Museum, kann aber mit dessen Kombi-Ticket besichtigt werden.

■ Maiselova 18, www.synagogue.cz, 200 CZK, erm. 140 CZK

f Klausen-Synagoge
| Gotteshaus |

Neben dem Alten Friedhof stand bis zum Stadtbrand 1689 ein Gebäudekomplex mit Synagoge, Ritualbad und Talmudschule, dem das westjiddische Wort für Lehrhaus »Klaus« (von »Klausur«, Klausová synagoga) seinen Namen gab. Nach einem Brand errichtete die jüdische Gemeinde ein neues Gebäude, das als zweite Hauptsynagoge der Stadt diente. Das größte jüdische Gebetshaus des Viertels ist das einzig erhaltene der Barockzeit. Heute enthält es eine Ausstellung zu jüdischen Bräuchen und Traditionen.

■ U Starého hřbitova 3a, siehe Jüdisches Museum S. 33

g Spanische Synagoge
| Gotteshaus |

An Stelle der ältesten Synagoge der Stadt, die Juden östlicher Herkunft bereits im 12. Jh. errichteten, steht heute das jüngste aller jüdischen Bethäuser (Španělská synagoga) des Viertels. Es wurde 1868 eingeweiht. Vorbild war der Tempel der Wiener Leopoldstadt,

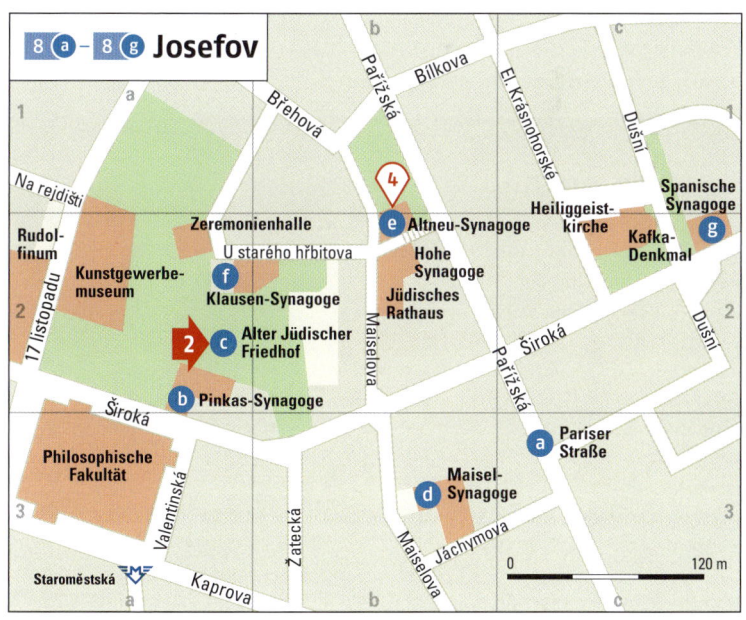

der sich am maurischen Baustil orientiert. Der prachtvolle, mit vielen Details ausgestattete Innenraum gehört zum Spektakulärsten, was das jüdische Viertel zu bieten hat. Die historische Ausstellung im Erdgeschoss behandelt u.a. die Zeit der Reformen Kaiser Josephs II., die zionistische Bewegung in Böhmen und die Epoche der Shoa.
■ Vězeňská 1, siehe Jüdisches Museum S. 33

Restaurants

€€ | **Katr** In dem Designerlokal wird traditionelle böhmische Küche modern interpretiert. Hier kommen vor allem Fleischliebhaber auf ihre Kosten.
■ Vězeňská 9, Tel. 222 315 148, www.katr restaurant.cz, Plan S. 35 östl. c1

€€ | **Kolonial** Schlichtes und gemütliches Restaurant mit einer guten Mischung aus böhmischer und interna-

Im Blickpunkt

Land der Klassischen Musik

Tschechien blickt auf eine reiche Klassik-Tradition mit weltbekannten Werken und Komponisten. Ihre Hochblüte begann in der 2. Hälfte des 19. Jh. Bedřich Smetanas Zyklus »Mein Vaterland« oder Antonín Dvořáks Sinfonie »Aus der neuen Welt« gehören bis heute zum Repertoire aller großen Orchester. Mit Leoš Janáček (»Das schlaue Füchslein«) und dem Neoklassizisten Bohuslav Martinů sind zwei weitere Komponisten von Weltruf zu nennen. Bedeutendste Prager Spielstätten für Klassik sind das Gemeindehaus (S. 29), der Spanische Saal auf der Burg und natürlich das Rudolfinum (S. 37, Abb. unten der Dvořák-Saal), das auch Hauptspielort der Klassik-Festivals Prager Frühling (Pražské jaro) und Dvořáks Prag (Dvořákova Praha) ist (S. 126). *www.festival.cz/en, www.dvorakovapraha.cz*

tionaler Küche. Leicht gehoben, doch angesichts der Lage faire Preise. ■ Široká 6, Tel. 224 818 322, www.kolonial pub.cz, Plan S. 35 a3

ADAC *Spartipp*

Kioske, Fast Foods und Lebensmittelläden (»potraviny«) der Altstadt sind teuer. Günstig erhält man Mineralwasser oder Brötchen bei **Žabka**. Im Jüdischen Viertel: *Kaprova 9, U Obecního dvora 2, 6–23 Uhr*

☕ Cafés

Coffee Lovers Günstiges Café, in dem auch Einheimische die Bio- und Fairtrade-Produkte genießen. ■ Kaprova 9, Tel. 233 320 426, Plan S. 35 a3

`9` Rudolfinum

Pompöses Künstlerhaus mit Philharmonie und spannender Galerie

■ Metro A, Tram 17, 18, 93, Bus 207 (Staroměstská)
■ Alšovo nábřeží 12, www.rudolfinum.cz

Das Konzert- und Ausstellungsgebäude am Moldau-Ufer gehört zu den prominentesten architektonischen Vertretern der sog. Nationalen Wiedergeburt. Zwischen 1876 und 1884 errichtet, ist das Rudolfinum imposanter Ausdruck tschechischen Nationalbewusstseins. Architekten des Neorenaissance-Palastes waren Josef Zítek und dessen Schüler Josef Schulz, beide auch für den Bau des Nationaltheaters (S.76) zuständig. Seit Beginn der bürgerlichen Revolution wuchs bei der slawischen Bevölkerungsmehrheit der

Wille, ihrer Identität nicht nur politisch und wirtschaftlich, sondern auch künstlerisch Ausdruck zu verleihen. Heute ist das Rudolfinum Sitz der Tschechischen Philharmonie (S.41), die 1896 erstmals unter der Leitung von Antonín Dvořák auftrat. An der Moldauseite liegt der Eingang zur Galerie Rudolfinum. Wechselausstellungen zeitgenössischer Kunst entfalten hier in den großzügigen Räumlichkeiten einen ganz besonderen Charme.

Gefällt Ihnen das?

Das **Rudolfinum** ist eines mehrerer Bauwerke, mit denen die Tschechen im 19. Jh. ihr wachsendes Nationalgefühl manifestierten. Weitere bedeutende Zeugnisse aus jener Epoche: das **Nationalmuseum** am Wenzelsplatz (S. 66), das **Nationaltheater** (S. 76) sowie der **Ehrenfriedhof** auf dem Vyšehrad (S. 114).

P Parken

Rudolfinum Parking Garage Über das Dvořák-Ufer (Dvořákovo nábřeží) erfolgt die Zufahrt direkt unter Konzerthaus und Jan-Palach-Platz. ■ Alšovo nábřeží 12, Tel. 222 328 687, 60 CZK/Std., 660 CZK/Tag

☕ Cafés

Café Rudolfinum Das Kaffeehaus Wiener Prägung betritt man durch den Eingang der Galerie und das darauf folgende Foyer. Es bietet vom kleinen Frühstück über leckere Quiches bis herzhafte Suppen ideale Snacks für den kleinen Hunger. ■ Tel. 703 181 182, www.rudolfinumcafe.cz

10 Klementinum

Ehemaliges Jesuitenkolleg mit einem spektakulären Lesesaal

- Metro A, Tram 17, 18, 93 (Staroměstská); Bus 194 (Mariánské náměstí)
- Mariánské náměstí 5

Das Areal des Klementinums mit fünf Innenhöfen, den sehenswerten Kirchen St. Salvator und St. Clemens sowie der Spiegelkapelle ist nach der Burg der weitläufigste Gebäudekomplex des alten Prag. 1556 überschrieben die Habsburger das ehem. Dominikanerkloster den Jesuiten. Diese errichteten darin eine Stätte der höheren Bildung und Wissenschaft und bauten sie 1653–1726 im Barockstil um. 1773 musste der Orden die Stadt verlassen. Der Komplex diente fortan als erzbischöfliche Hochschule und Bibliothek. Heute ist er Sitz der Tschechischen Nationalbibliothek.

 Sehenswert

Astronomischer Turm

| Aussichtsturm |

Im Zuge der barocken Neugestaltung des Kollegs entstand 1722 der Astronomische Turm. Der Regensburger Naturwissenschaftler Joseph Stepling richtete darin 1751 eine Sternwarte ein. Ab 1775 erfolgten tägliche Wetterbeobachtungen, die zu den längsten ununterbrochenen meteorologischen Aufzeichnungen Europas zählen. Im Turm sind astronomische, geophysikalische und meteorologische Instrumente aus dem 19. Jh. ausgestellt. Wer nicht viel mit Wissenschaftsgeschichte anfangen kann, wird auf der Aussichtsplattform mit einem atemraubenden Blick über die Dächer der sprichwörtlich »hunderttürmigen« Stadt belohnt.

Barocker Lesesaal

| Bibliothek |

Zu den eindrucksvollsten Barockräumen der Stadt zählt der Lesesaal der Nationalbibliothek. Hier sollte man kurz innehalten und sich Zeit nehmen, den Hauch der Historie einzuatmen, den dieser Ort verströmt. Im Saal sind rund 20 000 Bände überwiegend theologischer Literatur untergebracht. Die Deckenfresken des schwäbischen Malers Johann Hiebl stellen den »Tempel der Weisheit« dar. Ein Porträt Kaiser Josephs II. blickt vom Ende des Saals auf eine Reihe alter Globen.

■ Astronomischer Turm und Lesesaal sind nur mit Führung zu besichtigen (Information u. a. am Eingang zur Salvator-Kirche). Bei Redaktionsschluss war dies aufgrund eines Rechtsstreits nicht möglich.

Karlsbrücke
Karlův most

▶ 3 *Wahrzeichen der Stadt: eine der ältesten Steinbrücken Europas*

■ Tram 2, 17, 18, 93 (Karlovy lázně)

Als Prag im Hochmittelalter zu einer wichtigen zentraleuropäischen Residenz- und Handelsstadt heranwuchs, wurde auch ein stabiler Weg über die Moldau nötig. Bereits im 12. Jh. ersetzte eine Steinbrücke die vorige Holzkonstruktion. Die Judithbrücke stürzte jedoch 1342 nach einem Hochwasser ein, und so legte Karl IV. (S. 114) 15 Jahre später den Grundstein für die nach ihm benannte Verbindung zwischen Altstadt und Kleinseite. Warum der Herrscher so lange für die Entscheidung brauchte, eine neue Brücke zu bauen, und die alte nicht einfach wieder herstellte, ist ein von Historikern nach wie vor ungelöstes Rätsel. Architekt war der schwäbische Baumeister Peter Parler, der auch die Pläne für den Veitsdom (S. 47) und Burg Karlstein (S. 114) lieferte. Die Brücke hielt den

Die Karlsbrücke über die Moldau verbindet Altstadt und Kleinseite

Stürmen der Zeit wie Naturkatastrophen und Kriegen stand. Anfang des 20. Jh. führte sogar eine Straßenbahn darüber. Später wurde sie auch von Autos befahren. Seit den 1960er-Jahren dient sie nur noch Fußgängern.

Es gibt keinen anderen Ort in Prag, wo dessen glanzvolle Geschichte so hart mit den Realitäten einer modernen Touristenmetropole zusammenprallt. Verliebte Paare mit Selfie-Stick, asiatische Touristengruppen in gefühlten Hundertschaften, Straßenmusiker, Trödelhändler und Bettler säumen den engen Weg. Leider gibt es inzwischen keine Tageszeit mehr, zu der man halbwegs ungestört vom einen Ende zum anderen gelangt. Einheimische meiden die Brücke konsequent. Doch sie ist nach wie vor das berühmteste Wahrzeichen Prags, ein magischer Anziehungspunkt und ein sehr beliebtes Fotomotiv.

Der Brückenheilige Johannes von Nepomuk beschützt die Karlsbrücke

Sehenswert

Altstädter Brückenturm
| Wehrturm |

Zuerst durchschreiten Besucher von der Altstadt her den 40 m hohen Brückenturm (Staroměstská mostecká věž). Das imposante gotische Bauwerk wurde gleichzeitig mit der Karlsbrücke errichtet, die Konstruktion dabei nicht nur als Wehranlage, sondern auch als Wahrzeichen der luxemburgisch-böhmischen Herrschaft konzipiert. So wird die Wenzelskrone im Gewölbe des Torbogens flankiert von den Wappen des Heiligen Römischen Reiches und des Königreichs Böhmen. Die Fassaden schmücken Statuen von Bischöfen, weltlichen Fürsten und des böhmischen Landespatrons St. Veit. Der Turm (mit kleinem Museum) ist begehbar.

■ Tel. 724 379 677, www.muzeumprahy.cz, tgl. Nov.–Feb. 10–18, März, Okt. 10–20, April–Sept. 10–22 Uhr, 100 CZK, erm. 70 CZK

Figurengruppen
| Skulpturen |

Insgesamt 30 überwiegend barocke Figuren oder Figurengruppen wurden von bedeutenden Institutionen oder wohlhabenden Privatleuten gestiftet. Die älteste und berühmteste Skulptur, der hl. Johannes von Nepomuk, steht, wenn man von der Altstadt kommt, rechtsseitig an achter Stelle. Die Statue des Brückenheiligen wurde von Johann Brokoff und Matthias Rauchmüller angefertigt und 1683 aufgestellt. Der Generalvikar des Erzbistums Prag fiel bei König Wenzel IV. in Ungnade und wurde im Jahr 1393 von der Karlsbrücke in die Moldau gestürzt. Den Ort des Sturzes kennzeichnet bis heute ein in die Brüstung eingearbeitetes Kreuz.

Am Abend

Die Altstadt zählt zu den lebendigsten und kulturell vielseitigsten Stadtvierteln. Selbst wenn sie tagsüber fast nur Touristen »gehört«, mischen sich abends auch Einheimische unter das Ausgeh-Volk. Urige Kneipen und schummrige Jazzclubs ziehen viele Prager an. Programmkino und Kleintheater dürften auch Freunden gehobener Unterhaltung gefallen. Und nahe am Moldau-Ufer findet man die eine oder andere Bar mit Lokalkolorit. Leider wollen zentrumsnahe Etablissements oft nur naiven Touristen das Geld aus der Tasche ziehen. Es ist auf jeden Fall die Mühe wert, statt überteuerten Einheitsbreis die authentischen Originale zu suchen.

Bühne

Divadlo Na zábradlí Kleines Autorentheater, das sich seit den 1960ern als Bühne für experimentelle und kritische Strömungen einen Namen machte. So wirkte im »Theater am Geländer« auch der spätere Dichterpräsident Václav Havel. Viele Stücke mit englischen Übertiteln. ■ Anenské náměstí 5, Tel. 222 868 870, www.naza bradli.cz, Tram 17, 18, 93 (Karlovy lázně)
Stavovské divadlo Im Ständetheater (S. 27) kommen klassische Opern, Ballett und Sprechtheater-Stücke zur Aufführung. Hohes Niveau, aber etwas brave und konventionelle Interpretationen. ■ Železná, Tel. 224 901 448, www.narodni-divadlo.cz, Metro B, Tram 6, 26, 91, 94 (Náměstí Republiky)

Konzerte

Rudolfinum Das führende Konzerthaus des Landes für klassische Musik (S. 37) ist Heimat der Tschechischen Philharmonie und Ort renommierter Festivals. ■ Alšovo nábřeží 12, Tel. 227 059 227, www.rudolfinum, www.ceska filharmonie.cz, Metro A, Tram 17, 18, 93 (Staroměstská)

Blues Sklep Kleiner Jazz- und Bluesclub, in dem Größen der tschechischen Szene spielen. Anders als etwa der Jazz and Blues Club Ungelt nahe der Teynkirche keine überteuerte Touristenfalle, sondern auch beim lokalen Publikum beliebt. ■ Liliová 10, Tel. 608 848 074, www.bluessklep.cz, Konzerte ab 21 Uhr, Tram 17, 18, 93 (Karlovy lázně)

Kneipen, Bars und Clubs

Café Kampus Studentencafé, Kneipe und Galerie in einem. Gute Snacks, moderate Preise. Vor allem in den kalten Monaten ein guter Ort, um bei Punsch und Brettspiel die Abendstunden zu verbringen. ■ Náprstkova 10, Tel. 775 755 143, www.cafekampus.cz, Mo–Fr 10–1, Sa 12–1, So 12–23 Uhr, Tram 17, 18, 93 (Karlovy lázně)
Club Roxy Der Club gehört zu den angesagtesten und bekanntesten Diskotheken mit elektronischer Musik. Manchmal finden Konzerte von Pop- und Rockbands statt. ■ Dlouhá 33, Tel. 608 060 745, www.roxy.cz, tgl. 23–5 Uhr, Tram 6, 26, 91, 94 (Dlouhá třída)
Duende Schlichte Café-Bar mit alternativem Flair. Viele einheimische Gäste, die auch mal die Gitarre zur

spontanen Jam-Session rausholen und sehr gerne einen über den Durst trinken. ■ Karoliny Světlé 30, Tel. 774 486 077, tgl. 13–2/3 Uhr, Tram 17, 18, 93 (Karlovy lázně)

Hemingway Bar Edel und stilvoll eingerichtete Cocktail- und Whisky-Bar. Jedes Jahr unter den besten Bars des Landes. Entsprechendes Preisniveau. ■ Karolíny Světlé 26, Tel. 773 974 764, www.hemingwaybar.cz, Mo–Do 17–1, Fr 17–2, Sa 19–2, So 19–1 Uhr, Tram 17, 18, 93 (Karlovy lázně)

Klubovna 2. patro Hipper Underground-Club in einem alten Palais (Eingang in einem Innenhof an der Dlouhá-Straße, linksseitig unter den Renaissance-Arkaden). Klandestiner Charme und gute Drinks. ■ Dlouhá 37, unregelmäßige Termine – Partys werden auf der Facebook-Seite angekündigt, ab 22 Uhr, Tram 6, 26, 91, 94 (Dlouhá třída)

Víno-klub Eigentlich ein Weinhändler, der in seinem Laden auch Tische für Gäste stehen hat, die einen edlen Tropfen probieren möchten. Dazu gibt es leckere Snacks. Anders als viele Weinbars im Zentrum besticht das Lokal mit guten Preisen. ■ Benediktská 3, Tel. 724 239 045, tgl. 9–21 Uhr

 ### Kinos

Ponrepo Das altehrwürdige Lichtspielhaus am südlichen Rand der Altstadt gehört dem nationalen Filmarchiv. Das Programm beinhaltet daher ausschließlich tschechische und internationale Klassiker der Filmgeschichte. Oft, aber nicht immer mit englischen Untertiteln. ■ Bartolomějská 11, Tel. 778 522 708, www.nfa.cz/en/ponrepo-cinema, Metro B, Tram 22, 97, 98 (Národní třída)

 # Übernachten

Die Altstadt verfügt über eine hohe Dichte an Hotels und Pensionen. Doch auch hier beherrschen Privatunterkünfte über Internetportale wie Airbnb zunehmend den Markt – Prinzip: Je zentraler desto teurer. Es empfiehlt sich, eine Unterkunft abseits der Touristen-Meilen zu buchen. An vielen Straßenecken ist es bis spät in die Nacht recht laut. Im Folgenden sind besonders Unterkünfte aufgeführt, in denen man seinen Aufenthalt nicht nur in gepflegten Zimmern bei freundlichem Service, sondern auch in ruhiger Lage genießen kann.

€

Betlem Club Solides, gemütliches und günstiges Dreisternehotel am Bethlehemsplatz. Dass die Zimmer etwas altbacken eingerichtet sind, machen der Standort und die schöne Sicht auf den Platz wett. ■ Betlémské náměstí 9, Tel. 222 221 574, www.betlemclub.cz

Pension U Lilie Sympathisches, zentrales Gästehaus. Altstädter Ring, Klementinum und Karlsbrücke sind nur wenige Schritte entfernt. Die kleinen Zimmer sind schlicht eingerichtet. Das hauseigene Restaurant bietet italienische und böhmische Küche zu vernünftigen Preisen. Im Sommer kann man im schmucken

Innenhof unter freiem Himmel dinieren. ■ Liliová 15, Tel. 222 220 432, www.pensionulilie.cz

€€

Casa Marcello Gediegenes Vier-sternehotel am nördlichen Ende der Altstadt in einer stillen, romantischen Ecke mit tollem Service, tadellosen Zimmern und einer kleinen Wellness-Spa-Anlage. Einige Zimmer eröffnen Blicke auf das gegenüberliegende Agneskloster. ■ Řásnovka 783, Tel. 222 311 230, www.casa-marcello.cz

Černý slon Der »Schwarze Elefant« liegt in unmittelbarer Nähe der Teyn-kirche. Dank isolierten Fenstern in den Zimmern bleibt der Lärm der nahen Touristenscharen draußen. Der authentische Charme des gotischen Hauses (Mitte 14. Jh.) ist einmalig. In der hauseigenen Weinstube im Keller-gewölbe wähnt man sich auf Zeitreise in einer mittelalterlichen Schenke. ■ Týnská 1, Tel. 222 321 521, www.hotel cernyslon.cz

Pension U Zeleného věnce Kleine Pension mit schönen, hellen Zimmern. Das Haus aus dem 14. Jh. vermittelt mit Holzgebälk und dicken roma-nischen Mauern einen Hauch von Mittelalter. Die umliegenden Cafés Ebel (S.26), Montmartre und Literární kavárna sind alle einen Besuch wert. ■ Řetězová 10, Tel. 222 220 178, www.uzv.cz

€€€

Four Seasons Einer der Marktführer im Luxussegment: Die exquisite Lage macht das Hotel zu etwas ganz Besonderem. Der Ausblick auf Moldau, Karlsbrücke und Burg ist schlicht unschlagbar. Sonderange-bote auf der hauseigenen Website. ■ Veleslavínova 2a, Tel. 221 427 000, www.fourseasons.com/prague

InterContinental Exklusives Fünf-sternehotel am Ende der Pariser Straße. Der Baustil des sozialistischen Brutalismus der 1970er-Jahre steht in starkem Kontrast zu den Jugend-stilgebäuden der Umgebung. Die Aussicht auf Moldau, Altstadt und Letná-Park ist fantastisch. Bei früh-zeitiger Buchung erstaunlich gutes Preis-Leistungs-Verhältnis. ■ Pařížská 30, Tel. 296 631 111, www.icprague.com

ADAC *Das besondere Hotel*

U Medvídků Das Dreisternehotel überzeugt mit familiärem Charme und speziellen Übernachtungsmöglichkei-ten. Einige Zimmer sind mit originalen Deckengemälden aus der Renaissance verziert oder verfügen über alte goti-sche Deckengewölbe. Zusätzlich ge-hört eine Bierstube samt Minibrauerei zum Haus, in der man typisch böhmi-sche Kneipenatmosphäre erlebt. *€€ | Na Perštýně 7, Tel. 224 211 916, www.umedvidku.cz*

Burg und Kleinseite – Das malerische Prag

Verwinkelte Gassen und prächtige Gebäude im Schatten der eindrucksvollen Burgstadt

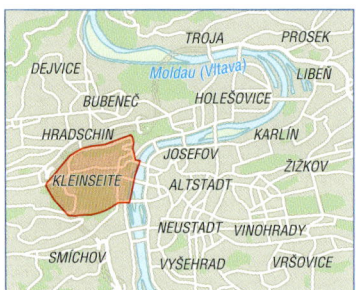

In diesem Kapitel:

ADAC Top Tipps

 Veitsdom
| Dom |

Tschechiens größtes Gotteshaus im Herzen der Prager Burg mit Grablege der böhmischen Könige dominiert die Stadtsilhouette. Es gehört zu den Meisterwerken europäischer Gotik. ....

Petřín
| Park |

Ob zu Fuß oder mit der Standseilbahn: Vom Laurenziberg hoch über der Kleinseite genießt man eine beeindruckende Aussicht auf den gegenüberliegenden Hradschin. ....

Majestätisch thront die Burg über der Stadt. Über tausend Jahre Geschichte haben sich hier eingeschrieben. Ihr begegnet man mit jedem Schritt auf dem Hradschin, der die Kunstepochen wie ein Museum zusammenbringt. Millionen von Touristen besuchen jährlich die Prager Burg. Man sollte genügend Zeit einplanen, wenn man zum Hradschin hinaufsteigt, mit Wartezeiten muss man auch am Metalldetektor rechnen. An den Sicherheitskontrollen gibt es seit 2016 kein Vorbei, will man in den Burghof.

Nicht weniger bezaubernd wirkt das Stadtviertel unterhalb der Burg: »Die Kleinseite – Häuser wie Menschen – haben etwas Stilles an sich, etwas Würdiges, Altertümliches, sagen wir auch Verschlummertes ...«, schrieb Jan Neruda in seinen »Kleinseitner Geschichten« (S. 60). In der Tat versprüht der Stadtteil eine besondere Atmosphäre, wirkt stellenweise fast dörflich und verschlafen.

ADAC Empfehlungen

12 Prager Burg (Pražský hrad)

Einstige Residenz und Wahrzeichen der Stadt

![Die Basilika St. Georg]

Die Basilika St. Georg (rechts) ist der älteste noch erhaltene Sakralbau Prags

 Information

- Metro A (Malostranská u. Hradčanská), Tram 22 (Pražský hrad)
- Tel. 224 372 423, www.hrad.cz, tgl. 6–22 Uhr, Sehenswürdigkeiten: April–Okt. 9–17, Nov.–März 9–16 Uhr, Areal frei zugänglich
- Kombi-Tickets A, B, C (250–350 CZK, erm. 125–175 CZK) für Teile der Sehenswürdigkeiten, an den Infoschaltern (2. und 3. Burghof)
- Parken: siehe S. 50

Der Hradschin (Pražský hrad), eine der größten Burganlagen der Welt, gehört zu den Hauptattraktionen der Stadt.

Gegründet wurde die Burg im 9. Jh. vom Herrschergeschlecht der Přemysliden. Im 11. Jh. erhielt die hölzerne Anlage einen steinernen Wall. V. a. die Regentschaft von Kaiser Karl IV. (1316–1378, S. 114) formte das Aussehen der Burg, aber auch Rudolf II. (1552–1612) hinterließ seine Spuren. Heute prägt eine Vielfalt an Baustilen die Anlage, die als Residenz des Staatsoberhauptes dient. Man betritt die Burg über die Pulverbrücke (Prašný most) im Norden und gelangt direkt auf den zweiten Burghof mit der Heilig-Kreuz-Kapelle (Kaple sv. Kříže). Wer zur Mittagszeit kommt, sollte sich vor die Tore des ersten Burghofs begeben, in dem um

Plan
S. 48

gelegt, später unterbrachen die Hussitenkriege die Bauarbeiten, die erst Ende des 19. Jh. vollendet wurden. Nur 23 Jahre war Peter Parler, als man ihn 1356 zum Dombaumeister ernannte. Mit dem Hochchor, seinem Netzrippengewölbe und den Porträtbüsten schuf er ein Meisterwerk der europäischen Gotik. Das Goldene Tor, ein gewaltiges Mosaik mit Szenen des Jüngsten Gerichts, schmückt die südliche Längsseite. Im Chorgang ragen die Kapellen der hl. Barbara und des hl. Wenzel heraus, Letztere reich mit Gold und Halbedelsteinen verziert. Beeindruckend ist auch die Rosette über dem Eingangsportal und das Fenster links davon (dritte Kapelle): Alfons Mucha schuf das Glasfenster mit Szenen aus dem Leben der hll. Kyrill und Method.

■ Chorraum nur mit Kombiticket A oder B

12 Uhr mit Fahnen und Fanfaren die Ablösung der Wache zelebriert wird.

 Sehenswert

ADAC *Mobil*

 Veitsdom
| Dom |

 Bedeutende Kathedrale und Highlight der Spätgotik

Das Herzstück der Burg ist zweifellos der Dom (Katedrála sv. Víta), Krönungskirche und Grablege der böhmischen Könige. In der Schatzkammer werden die Krönungsinsignien aufbewahrt. Hat man den zweiten Burghof passiert, trifft man im dritten auf sein mächtiges Westportal. Der Grundstein wurde 1344

Die wohl günstigste **Stadtrundfahrt** ist eine reizvolle Möglichkeit, Prag zu erkunden. Die Trambahnlinie 22 verbindet den Westen mit dem Südosten: von grauen Plattenbausiedlungen durch das historische Zentrum hinauf zur Burg. Man überquert die Moldau, durchfährt die Kleinseite und passiert das Kloster in Břevnov (S. 112). Die Fahrt endet am Weißen Berg, wo die Katholiken einst die Protestanten besiegten. Mit einem Ticket für 32 CZK (S. 19, gültig 90 Min.) kann man so oft ein- und aussteigen, wie man will.

b Alter Königspalast
| Palast |

Über den dritten Burghof gelangt man zunächst zur gotischen Bronzestatue des hl. Georg. Als eines der ersten freistehenden Reiterstandbilder ist sie von großem kunsthistorischen Wert. Das Original stammt von den Brüdern Martin und Georg von Klausenburg. Heute ist nur eine Kopie zu sehen.

An der Ostseite des Burghofs folgt der Alte Königspalast (Starý královský palác), Ende 9. bis 16. Jh. Sitz der böhmischen Fürsten und Könige. Überwältigend wirkt der Wladislaw-Saal. Sein spätgotisches Sternengewölbe überspannt einen Raum von gewaltigen Ausmaßen: 62 m lang, 16 m breit, 13 m hoch. Benedikt Ried errichtete ihn 1493–1502 für König Wladislaw II. Früher wurden hier die böhmischen Könige gekrönt, heute die tschechischen Staatspräsidenten ver-

eidigt. Geschichte wurde im Statthalter-Saal geschrieben: Am 23. Mai 1618 warfen Vertreter der Protestanten die kaiserlichen Räte aus dem Fenster (zweiter Fenstersturz, S. 82) und lösten damit den Dreißigjährigen Krieg aus.

■ Nur mit Kombiticket A oder B

c Basilika St. Georg
| Kirche |

Gegenüber dem Chorabschluss des Veitsdoms erhebt sich die romanische Basilika St. Georg (Bazilika sv. Jiří), deren Inneres mit schlichter Schönheit überrascht. Begonnen 912, geweiht 925, ist sie Prags ältester erhaltener Sakralbau. Ihre heutige Barockfassade erhielt sie 1670. Reste romanischer Deckenmalereien im Chorraum zeigen das Himmlische Jerusalem. Die Kapelle der hl. Ludmilla befindet sich auf der Südseite. Das Grabmal der Heiligen stammt von Peter Parler. Direkt an die Basilika

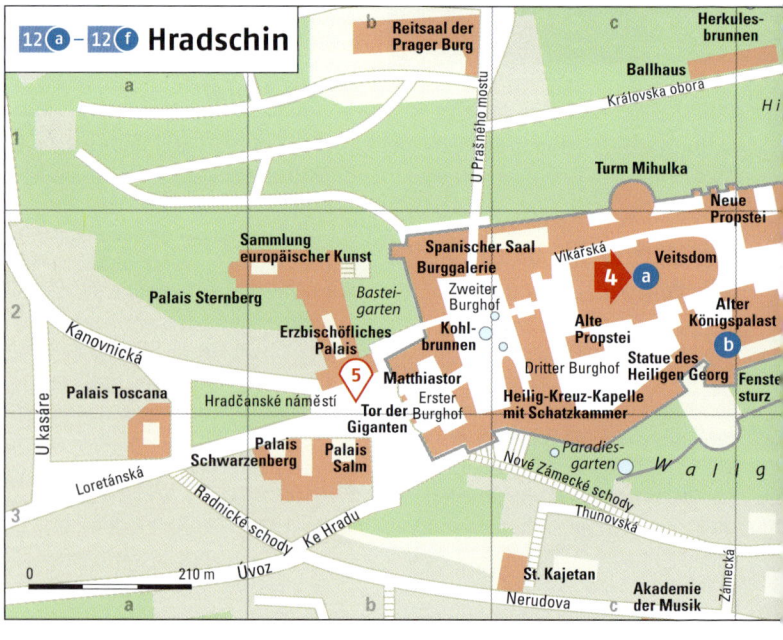

Im Goldenen Gässchen wohnten einst Alchimisten und Goldschmiede

schließt das ehem. Benediktinerkloster St. Georg, in dem die Nationalgalerie böhmische Kunst des 19. Jh. ausstellt.
■ Nur mit Kombiticket A oder B

`d` Goldenes Gässchen
| Straße |

In den winzigen Häuschen lebten einst die Armen, heute drängen sich die Touristenmassen durch das Goldene Gässchen (Zlatá ulička) an der Innenmauer der Burg. Unter Kaiser Rudolf II. wurden die zuvor einfachen Hütten als Unterkünfte für die Burgwachen umgebaut. Später zogen Alchimisten und Goldschmiede ein – daher der Name der Gasse. Berühmtester Bewohner war wohl Franz Kafka (S. 21 und 57), der vorübergehend im Haus Nr. 22 lebte. In den pittoresken Häuschen sind heute Museen, Souvenir- und Buchläden untergebracht.
■ Nur mit Kombiticket C

`e` Palais Lobkowitz
| Prachtbau |

Direkt an der Alten Schlossstiege liegt das Palais Lobkowitz, einziges Gebäude auf der Burg in Privatbesitz. Es wurde um 1550 für den damaligen Kämmerer und späteren Stallmeister Jaroslav von Pernstein errichtet. Im 17. Jh. fiel der Barockpalast an die Familie Lobkowitz. Nachdem der Bau von den Nazis konfisziert und später von den Kommunisten beansprucht worden war, erhielt ihn die Adelsfamilie 2002 zurück. Heute ist darin die Lobkowitzer Kunstsammlung ausgestellt – mit Werken von Lucas Cranach d. Ä., Canaletto und Pieter Brueghel d. Ä. sowie Beethovens Originalpartitur der 4. und 5. Sinfonie.

■ Jiřská 3, www.lobkowicz.com, tgl. 10–18 Uhr, 275 CZK, erm. 200 CZK

🇫 Burggärten
| Parkanlagen |

Plätschernde Springbrunnen, zwitschernde Vögel und rauschende Blätter: Rund um den Hradschin bilden sechs Gartenanlagen einen grünen Ring mit ganz eigener Pracht. Die größte von ihnen ist der Königsgarten (Královská zahrada) im Norden der Burg. Zu ihm gelangt man über die Pulverbrücke (Prašný most) am zweiten Burghof. Erzherzog Ferdinand I. ließ ihn um 1540 im Stil der Renaissance anlegen. Der Park beherbergt Sehenswürdigkeiten wie das oft als Belvedere bezeichnete Lustschloss der Königin Anna (Letohrádek královny Anny).

Ebenfalls im Norden der Burg, direkt unterhalb der Pulverbrücke, erstreckt sich der Hirschgraben (Jelení příkop). Ihren Namen verdankt die Schlucht dem Wild, das Rudolf II. hier hielt und jagte. Man gelangt zu ihr über den Königsgarten oder einen Seiteneingang an der Kurve der Chotkova-Straße. Eher klein ist der im vierten Burghof gelegene Garten auf der Bastion (Zahrada Na Baště). Südlich der Burg liegt der Paradiesgarten, angelegt im 16. Jh. Weiter im Osten schließen sich

der Hartiggarten mit seinem Musikpavillon und der Wallgarten an. Man gelangt dorthin auch über den dritten Burghof über die sog. Stiertreppe (Býčí schodiště). Von dort ist es nur einen Katzensprung zu den barocken Palastgärten unterhalb der Burg.

Kinder

Spielzeugmuseum Nicht nur Kinder dürften sich in dem Museum im ehem. Burggrafenamt aus dem 16. Jh. erfreuen (gegenüber dem Palais Lobkowitz). Historische Teddybären, über 200 Barbiepuppen, Modelleisenbahnen und -luftschiffe warten auf Besucher, wo einst der Stellvertreter des Königs residierte. ■ Jiřská 6, tgl. 10–18 Uhr, 70 CZK, Kinder 50 CZK, Plan S. 48 e1

Parken

Bei der **Tramstation Pohořelec** am westlichen, rückseitigen Ende des Burgviertels befinden sich öffentliche Parkplätze. Von hier aus erreicht man den Hradschin in wenigen Minuten zu Fuß. Allerdings beschränkt sich der maximale Aufenthalt auf sechs Stunden. ■ 30 CZK/Std.

13 Hradschiner Platz
Hradčanské náměstí

⑤ *Adelspaläste mit bedeutenden Kunstsammlungen*

■ Metro A (Malostranská u. Hradčanská), Tram 22 (Pohořelec, Pražský hrad)

Dass hier einst die Armen wohnten, kann man sich kaum vorstellen. Nach einem Brand im Jahr 1541 übernahmen die Aristokraten den Wiederaufbau der Burgvorstadt. So entstanden zahlreiche prunkvolle Bauten rund um den Hradschiner Platz. Heute reiht sich vor den Toren der Burg ein Palast an den anderen. Ein achtarmiger gusseiserner Kandelaber aus dem 19. Jh. erinnert an die Zeit, als ein Laternenanzünder das Licht noch in die Straßen trug.

 Sehenswert

Mariensäule
| Denkmal |

Im Zentrum des Platzes steht eine Mariensäule, geschaffen vom böhmischen Bildhauer Ferdinand Maximilian Brokoff. Sie erinnert an die Pestepidemie des Jahres 1726. Die Figuren am Fuß der Säule stellen die böhmischen Landespatrone dar; gekrönt wird sie von einer Marienstatue.

Palais Schwarzenberg
| Prachtbau |

Den Süden des Hradschiner Platzes beherrscht das prächtige Palais Schwarzenberg (Schwarzenberský palác). Seine Fassade mit Sgraffiti nach italienischem Vorbild täuscht ein regelmäßiges Mauerwerk aus Diamantquadern vor, das Innere zeigt Deckenmalereien des 16. Jh. 1545–1567 für die Adelsfamilie Lobkowitz erbaut, gelangte das Renaissancepalais 1719 in den Besitz der Schwarzenbergs. Nach Machtergreifung der Kommunisten diente es als Militärhistorisches Museum. Heute präsentiert die Nationalgalerie (Národní galerie) darin ihre sehenswerte Sammlung »Barock in Böhmen«.

■ Hradčanské náměstí 2, Tel. 233 081 730, www.ngprague.cz, Di–So 10–18 Uhr, 220 CZK, erm. 120 CZK

Das Palais Schwarzenberg beherbergt eine Ausstellung barocker Kunst

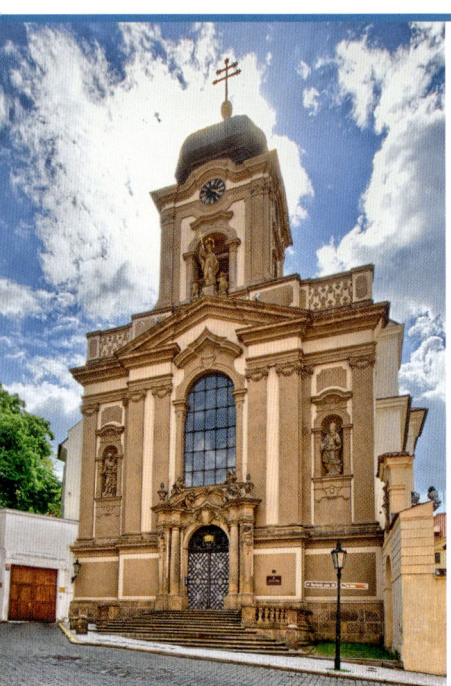

St. Johannes Nepomuk, ehemalige Klosterkirche der Ursulinen

Palais Salm
| Prachtbau |
Im Osten schließt sich das Palais Salm (Salmovský palác) an. Der Ehrenhof des klassizistischen Gebäudes öffnet sich zum Hradschiner Platz. Anfang 19. Jh. wurde sein Bau vom Prager Erzbischof Wilhelm Florentin von Salm-Salm in Auftrag gegeben. Josef von Schwarzenberg erwarb ihn 1811, um ihn mit seinem benachbarten Palais zu verbinden. Die Nationalgalerie (Národní galerie) zeigt darin klassizistische und romantische Kunst des 19. Jh. Vor dem Palais Salm blickt die Statue des ersten Staatspräsidenten Tomáš Garrigue Masaryk zur Burg.
■ Hradčanské náměstí 2, Tel. 233 081 730, www.ngprague.cz, Di–So 10–18 Uhr, 220 CZK, erm. 120 CZK

Erzbischöfliches Palais
| Prachtbau |
Den Nordosten des Platzes prägt das Erzbischöfliche Palais (Arcibiskupský palác). 1562 umgestaltet, entstand es aus dem Renaissancehaus des böhmischen Adeligen Gryspek. Nach mehreren Umbauten erhielt es um 1764 seine heutige Rokoko-Fassade. Seit über 400 Jahren residieren in dem Palais die Erzbischöfe von Prag.
■ Hradčanské náměstí 16, www.apha.cz

Palais Sternberg
| Prachtbau |
Über einen Durchgang am linken Portal des Erzbischöflichen Palais gelangt man zu der Vierflügelanlage, die Graf Wenzel Adalbert von Sternberg Ende des 17. Jh. errichten ließ. Die prunkvollen Innenräume zieren barocke Deckenfresken und Wandmalereien. Heute beherbergt das Palais Sternberg (Šternberský palác) die Sammlung Europäischer Kunst der Nationalgalerie (Národní galerie). Im Erdgeschoss sind Werke deutscher und österreichischer Künstler des 15. bis 18. Jh. ausgestellt, darunter Dürers »Rosenkranzfest«.
■ Hradčanské náměstí 15, Tel. 233 090 558, www.ngprague.cz, Di–So 10–18 Uhr, 220 CZK, erm. 120CZK

St. Johannes Nepomuk
| Kirche |
Der erste Sakralbau von Kilian Ignaz Dientzenhofer ist einer der ersten, die dem hl. Johannes Nepomuk geweiht sind. Er wurde 1728 vollendet, ein Jahr vor Heiligsprechung des böhmischen Priesters und Märtyrers. Die Fresken im Innern zeigen Szenen aus dem Leben Nepomuks. Nach Schließung des Ursulinenklosters auf dem Hradschin 1784 wurde die Kirche von der kaiserlichen

Armee genutzt und diente jahrzehntelang als Salzlager.

■ Kanovnická 72, Tel. 973 216 033, www.kaplani.army.cz, Führungen auf Anfrage

Nový Svět

⑥ *Pittoreskes Viertel mit dörflichem Charme*

■ Tram 22 (Brusnice oder Pohořelec)

Windschiefe Häuschen, verwinkelte Gassen, holpriges Kopfsteinpflaster: Nur einen Sprung von Burg und Touristenmassen liegt die »Neue Welt« (Nový Svět). Wenn man es nicht besser wüsste, könnte man auch in einem Dorf irgendwo in Böhmen sein. Das Viertel wurde im 14. Jh. vor den Toren der Burg gegründet, vor allem Arme lebten hier.

 Sehenswert

Prager Loreto
| Kloster |
Mit der Rekatholisierung Anfang 17. Jh. gewann in Böhmen der Marienkult Bedeutung. So entstand 1626 in Prag die Loretokapelle, Nachbildung der berühmten Santa Casa im italienischen Loreto. Um die Wallfahrtsstätte herum wurde ein Kapuzinerkloster mit Kirche und Arkaden errichtet. Die prunkvolle Westfassade mit Glockenturm (18. Jh.) stammt von Christoph und Kilian Ignaz Dientzenhofer. Die Schatzkammer des Klosters beherbergt Juwelen und Gemälde von großem kunsthistorischen Wert. Besonders kostbar: die »Prager Sonne«, eine Monstranz mit mehr als 6000 Diamanten.

■ Loretánské náměstí 7, Tel. 220 516 740, www.loreta.cz, April–Okt. tgl. 9–17, Nov.–Mär. 9–16 Uhr, 150 CZK, erm. 110 CZK

Palais Czernin
| Prachtbau |
Fast kolossal wirkt das Palais Czernin (Černínský palác) gegenüber der Loretokapelle: Der Bau ist 150 m lang, 29 Säulen gliedern die Fassade. Graf Humprecht Johann Czernin von Chudenitz gab ihn 1669 in Auftrag und ging dabei pleite. Präsident Tomáš Garrigue Masaryk ließ ihn 1928 als Außenministerium restaurieren. Während der deutschen Besetzung residierte hier der stellvertretende Reichsprotektor Reinhard Heydrich (S. 119). Im März 1948 kam es im Palais zum dritten Prager Fenstersturz, dem der damalige Außenminister Jan Masaryk zum Opfer fiel (S. 82). Heute ist es Sitz des tschechischen Außenministeriums.

■ Loretánské náměstí 5

Nový Svět – in der »Neuen Welt« scheint die Zeit stehen geblieben

15 Kloster Strahov
Strahovský klášter

Ehemaliges Prämonstratenser-kloster mit prächtiger Bibliothek

- Tram 22 (Pohořelec)
- Strahovské nádvoří 1, Tel. 233 107 704, www.strahovskyklaster.cz
- Bibliothek: tgl. 9–12, 13–17 Uhr, 120 CZK, erm. 60 CZK
- Gemäldegalerie: tgl. 9.30–11.30, 12–17 Uhr, 120 CZK, erm. 60 CZK

Westlich des Hradschiner Platzes, wo einst Wachposten die Burg beschützten, entstand im Mittelalter ein einzigartiger Ort, an dem Glaube und Wissen aufeinandertrafen. Wladislaw II. gründete das Prämonstratenserkloster im Jahr 1140. Bei der Christianisierung Böhmens fiel dem Orden eine bedeutende Rolle zu. Vom romanischen Klosterbau ist heute wenig übrig. Nach dem Dreißigjährigen Krieg wurde er im Stil des Barock ausgebaut. Das Herzstück des Klosters bildet die Bibliothek mit ihren beeindruckenden Deckenfresken. Sie beherbergt neben Tausenden Büchern zahlreiche Handschriften, Stiche und Landkarten. Zu den größten Schätzen gehört das »Evangeliar von Strahov«, eine Handschrift aus dem 9. Jh. Im Theologischen Saal lagern geistliche Werke, historische Globen und reicher Stuck schmücken den Raum. Regelrecht überwältigend wirkt der Philosophische Saal, in dem die edlen Nussbaumregale voller Bücher bis unter die Decke reichen. Überspannt werden sie von einem monumentalen Deckengemälde.

Kloster Strahov, Kirche Mariä Himmelfahrt mit spätbarocker Ausstattung

 Restaurants

€€€ | Restaurant Bellavista Nicht ganz günstig, doch die Aussicht von der Terrasse auf Burg und Stadt ist einmalig.
- Strahovské nádvoří 1, Tel. 220 517 274, www.bella-vista.cz

€€ | Klosterbrauerei Seit Jahrhunderten wird im Kloster Strahov das Bier »Svatý Norbert« gebraut, benannt nach dem Prämonstratenser-Ordensstifter Norbert von Xanten. ■ Strahovské nádvoří 301, Tel. 233 353 155, www.klasterni-pivovar.cz

16 Petřín

Aussichtspunkt und Ruheoase Laurenziberg

- Tram 6, 9, 12, 20, 22 (Újezd); dann Standseilbahn

Zu Fuß oder mit der Standseilbahn – viele Wege führen hinauf zum Petřín (Laurenziberg). Oben angekommen,

Petřín (Laurenziberg) – grüne Oase mit wunderbarem Ausblick

wird der Besucher mit einem herrlichen Blick über Stadt und Moldautal belohnt. Etwa 320 m erhebt sich der Hügel über der Kleinseite. Mit seinen Grünanlagen und verschlungenen Wegen ist er für viele eine Oase der Ruhe inmitten des Großstadtlärms. Ihren deutschen Namen verdankt die Erhebung der Kapelle des hl. Laurentius, die auf dem Gipfel an die Hungermauer anschließt. Vom romanischen Ursprungsbau ist heute jedoch nichts mehr zu sehen, er wurde später barock umgestaltet.

 Sehenswert

Aussichtsturm Petřín

| Aussichtsturm |

Viele Touristen zieht die 60 m hohe Petřínská rozhledna an, eine Miniaturausgabe des Pariser Eiffelturms, anlässlich der Industrieausstellung 1891 auf dem Hügel errichtet. Schwindelfreie können 299 Treppenstufen hinaufstei-

gen, um Prag aus der Vogelperspektive zu genießen. Der benachbarte Pavillon beherbergt ein Spiegellabyrinth. Historisch interessant ist die Hungermauer, deren Reste sich an mehreren Stellen des Petřín finden. Angeblich ließ Karl IV. die Stadtbefestigung errichten, um der Not leidenden Bevölkerung Arbeit zu geben.

■ Petřínské sady, Tel. 257 320 112, www.petrinska-rozhledna.cz, tgl. Nov.–Feb. 10–18, März, Okt. 10–20, April–Sept. 10–22, Uhr, 120 CZK, erm. 80 CZK

■ Spiegellabyrinth (Zrcadlové bludiště), Tel. 724 911 497, Öffnungszeiten wie Turm, 75 CZK, erm. 25/55 CZK

Denkmal für die Opfer des Kommunismus

| Monument |

Seit 2002 erinnern am Fuß des Petřín (Tram-Haltestelle Újezd) Bronzefiguren (Pomník obětem komunismu) an die Opfer des Kommunismus. Auf einer Treppe stehend, lösen sie sich mit

Krabbelnde Metallbabys von David Černý am Eingang zum Museum Kampa

zunehmender Entfernung vom Betrachter auf, verlieren Beine und Arme. Ein Bronzestreifen zwischen den Skulpturen zeigt die geschätzte Zahl der während des kommunistischen Regimes Getöteten und Verhafteten.

■ virtualni.praha.eu

 Verkehrsmittel

Die **Standseilbahn** auf den Laurenziberg schließt in der Station Újezd an die Straßenbahn an und führt über die Strecke Újezd – Nebozízek – Petřín. Es gelten Fahrkarten und Normaltarife der Prager Verkehrsbetriebe.

 Restaurants

€€ | **Nebozízek** Nicht nur bei Hochzeitsgesellschaften beliebt: Hier serviert man böhmische und internationale Gerichte vor traumhaftem Panorama.

■ Petřínské sady 411, Tel. 257 315 329, www.nebozizek.cz

17 **Kampa**

Moldauinsel mit einem sehenswerten Museum für moderne Kunst

■ Tram 12, 20, 22, 23 – Hellichova

Die idyllische Halbinsel ist ein beliebter Ort für Picknick oder Spaziergang. Ein künstlicher Moldauarm – der »Teufelsbach« (Čertovka) – trennt sie von der Kleinseite. Wassermühlen versprühen ländlichen Charme. Im nördlichen Zipfel der Insel schlängelt sich der Bach zwischen einer Gruppe alter Häuser durch, dem sog. Prager Venedig (Pražské Benátky). Den Mittelpunkt der Halbinsel bildet der von Bäumen und kleinen Bürgerhäusern gesäumte Platz Na Kampě. Früher boten hier Handwerker ihre Waren an, heute locken regelmäßig Marktbuden mit Köstlichkeiten und Souvenirs.

 Sehenswert

Museum Kampa
| Kunstsammlung |

 Bedeutende Privatkollektion eines Sammlerpaares im US-Exil

In einer umgebauten Mühle sind Werke bedeutender Künstler der Moderne wie František Kupka und Otto Gutfreund zu sehen. Bilder und Skulpturen stammen aus dem Besitz des Sammler-Ehepaares Meda Mládková und Jan Mládek. Sehenswert sind auch die wechselnden Ausstellungen, die oft Werke aus der Zeit des Kommunismus beleuchten. Am Eingang des Museums krabbeln riesige Babys von David Černý über den Fußweg.

■ U Sovových mlýnů 2, www.museum kampa.cz, Tel. 257 286 147, tgl. 10–18 Uhr, 120 CZK, erm. 70 CZK

Gefällt Ihnen das?

David Černý, das Enfant terrible der tschechischen Kunstszene, hat in Prag seine Spuren hinterlassen. Etwa mit den gesichtslosen **Metallbabys** vor dem Museum Kampa oder am Fernsehturm in Žižkov (S. 89), den **pinkelnden Männern** vor dem Franz Kafka Museum (unten) oder der Franz-Kafka-Statue »K.« im Innenhof des Quadrio (S. 76).

 Cafés

Kavárna Mlýnská Zufluchtsort vor Touristenströmen, den man über eine kleine Brücke von der Kampa-Insel über den Teufelsbach erreicht. Die Bar entwarf David Černý. Liebhaber dürften von der großen Auswahl an Weinen überrascht sein. ■ Všehrdova 14, Tel. 257 313 222

18 Franz Kafka Museum

Interaktive Ausstellung zum Leben des deutschsprachigen Schriftstellers

■ Metro A, Tram 18, 20, 22 (Malostranská)
■ Cihelná 2b, Tel. 257 535 507, www. kafkamuseum.cz, tgl. 10–18 Uhr, 200 CZK, erm. 120 CZK

Franz Kafka und Prag – ein besonderes Kapitel. Kaum ein Schriftstellerleben ist so eng mit der Stadt verbunden. Wer in Leben und Werk des Autors eintauchen will, dem sei ein Besuch des Museums empfohlen. Wie prägte Prag Kafkas Schaffen, wie fühlte es sich

Im Blickpunkt

Kafka und der Prager Kreis

Als Prager Kreis – der Begriff geht auf Max Brod zurück – bezeichnet man eine Gruppe deutschsprachiger Schriftsteller um die Jahrhundertwende, darunter Franz Kafka, Felix Weltsch, Oskar Baum, Ludwig Winder und Brod selbst. In enger Verbindung mit ihnen standen Autoren wie Franz Werfel, Rainer Maria Rilke und Johannes Urzidil, die Brod zum »weiteren Prager Kreis« zählte. All diese Prager Autoren meist jüdischer Abstammung verfassten ihre Werke auf Deutsch, beherrschten aber auch die tschechische Sprache. Ihre Werke entstanden zwischen 1900 und 1938.

zu seinen Lebzeiten an, und welche Rolle spielten für ihn die Frauen? Dies erfährt man in der multimedialen Ausstellung – mit Erstausgaben, Tagebüchern, Briefen, Fotos und Zeichnungen. Vor dem Museum provoziert die Skulptur »Piss« von David Černý: Zwei nackte Bronzemänner pinkeln in ein Becken, das nach dem Umriss der Tschechischen Republik geformt ist.

 Einkaufen

Marionety Truhlář Sympathischer Laden des Marionettenspielers Pavel Truhlář mit äußerst kunstvollen handgeschnitzten Puppen. Hier werden Erwachsene wieder zum Kind. ■ U Lužického semináře 5, Tel. 602 689 918, www.marionety.com, tgl. 10–21 Uhr
Shakespeare & Sons Große Auswahl englischsprachiger Bücher, gebraucht

und neu. Auch Werke in Französisch, Deutsch und Spanisch. Im Café finden regelmäßig Lesungen statt. ■ U Lužického semináře 10, Tel. 257 531 894, www.shakes.cz, tgl. 11–21 Uhr

19 Kleinseitner Ring
Malostranské náměstí

Schmucke Barockbauten säumen den einstigen Marktplatz

■ Metro A (Malostranská); Tram 12, 20, 22 (Malostranské náměstí)

Seit Gründung der Kleinseite (Malá Strana) als eigenständige Stadt 1257 fiel dem Kleinseitner Ring eine besondere Rolle zu. Im politischen und wirtschaftlichen Zentrum unterhalb der Prager Burg spielte sich das Leben des Viertels ab. Den Marktplatz aus dem Mittelalter prägen heute prächtige Barockbauten.

 Sehenswert

St. Nikolaus
| Kirche |

Das prunkvolle Gotteshaus (Kostel sv. Mikuláše) und das angeschlossene einstige Jesuitenkolleg teilen den Platz in zwei Abschnitte – den Oberen und den Unteren Ring. Der Grundstein zum Vorgängerbau, einer gotischen Pfarrkirche, wurde bereits im Jahr 1283 gelegt. Die Jesuiten ließen ihn später im Stil des Barock ausbauen: Drei Generationen renommierter Architekten schufen einen der bedeutendsten Barockbauten Europas. Christoph Dientzenhofer gestaltete das Hauptschiff mit Seitenkapellen und Gewölbe, sein Sohn Kilian Ignaz den Chor mit der 75 m hohen, mächtigen Kuppel. Den

Glockenturm vollendete Anselmo Lurago. Mit seinem imposanten Deckengemälde, dem Skulpturenschmuck und den Fresken gehört die Kirche zu den Paradebeispielen des Hochbarock. Vom Glockenturm aus hat man eine beeindruckende Sicht auf die Dächer der Kleinseite.

■ Malostranské náměstí, Tel. 257 534 215, www.stnicholas.cz, März–Okt. tgl. 9–17, Nov.–Feb. 9–16 Uhr, 70 CZK, erm. 50 CZK
■ Klassische Konzerte: März–Okt. Mi–Mo 18 Uhr

Malostranská beseda
| Kulturzentrum |

Unter den Gebäuden ragt am nordöstlichen Ende des Kleinseitner Rings eines heraus: die Malostranská beseda. Der imposante Renaissancebau diente früher als Rathaus. An der Fassade erinnert eine Gedenktafel an das Jahr 1575, als hier das sog. Böhmische Be-

kenntnis entworfen wurde, Grundlage für die Verhandlungen zur Religionsfreiheit im Königreich Böhmen. Heute beherbergt das Gebäude ein Restaurant, ein Café und einen Musikclub, in dem fast täglich einheimische Künstler auftreten.

■ Malostranské náměstí 35/21, Tel. 257 409 112, www.malostranska-beseda.cz, tgl. 11–23 Uhr

Vrtba-Garten
| Park |

 Der schönste Barockgarten der Stadt

Wer dem unscheinbaren Zugang in der Karmelitergasse 25 folgt, ist überwältigt: Hinter den Fassaden verbirgt sich einer der bedeutendsten Barockgärten (Vrtbovská zahrada) nördlich der Alpen. Burggraf Jan Josef Vrtba ließ ihn Anfang des 18. Jh. am unteren Hang des Petřín anlegen. Mit herrli-

Kleinseitner Ring, Zentrum des historischen Viertels unterhalb der Burg

Das hochverehrte Prager Jesulein in St. Maria vom Siege

chen Terrassen, zahlreichen Barock-skulpturen und dem Wasser speien-den Drachen erweist er sich als einzigartiges Juwel. Die Aussicht auf Prag ist beeindruckend.

■ Zugang über Karmelitská 25, Tel. 272 088 350, www.vrtbovska.cz, April–Okt. 10–19 Uhr, 65 CZK

Palais Lobkowitz
| Prachtbau |

Der barocke Bau (nicht zu verwechseln mit dem gleichnamigen Palais in der Burg) wurde Anfang 18. Jh. errichtet. Das Wappen im Giebel erinnert an die ehemaligen Besitzer, die Familie Lob-kowitz. Seit 1974 dient das Palais als Sitz der Deutschen Botschaft. Im Oktober 1989 schrieb es Geschichte: Tausende Bürger der DDR ersuchten in seinem Garten um Aufnahme in die BRD. Ein

Trabi auf vier Beinen – eine Skulptur von David Černý – erinnert heute an das Ereignis, das in den Medien um die Welt ging. Palais und Garten sind nicht öffentlich zugänglich.

■ Vlašská 19

St. Maria vom Siege
| Kirche |

Das älteste barocke Gotteshaus (Kostel Panny Marie Vítězné) beherbergt das von vielen Katholiken verehrte Prager Jesulein, eine 47 cm hohe Figur, der zahlreiche Wundertaten nachgesagt werden, in einem silbernen Schrein auf dem rechten Seitenaltar. Die Ge-wänder wechseln mit den Festzeiten des Kirchenjahres. Das wertvollste, mit Diamanten und Perlen besetzt, soll Maria Theresia selbst bestickt haben.

■ Karmelitská 9, Tel. 257 533 646, www.pragjesu.cz, Mo–Sa 8.30–19, So 8.30–20 Uhr

20 Neruda-Gasse
Nerudova

 Eine der malerischsten histo-rischen Gassen Prags

■ Metro A (Malostranská); Tram 12, 20, 22 (Malostranské náměstí)

Als schönste Gasse Prags bezeichnen viele die Nerudova. Wer aufmerksam an den bunten Häusern entlanggeht, entdeckt kunstvolle Reliefs und Bilder über deren Türen. Sie erzählen vom Handwerk ihrer einstigen Bewohner. So lebte im »Haus zu den Drei Geigen« ein Violinenbauer, ein Goldschmied dagegen im »Zum Goldenen Kelch«. Im Haus »Zu den Zwei Sonnen« kam der Schriftsteller Jan Neruda zur Welt, der die Gasse in seinen »Kleinseitner

Geschichten« literarisch verewigte. Heute trägt sie deshalb seinen Namen. Im 14. und 15. Jh. hieß sie Spornergasse und bildete einen Abschnitt des Königswegs, den die böhmischen Herrscher am Tag ihrer Krönung zum Veitsdom hinaufschritten.

 Sehenswert

Museum Montanelli
| Galerie |
Das Privatmuseum stellt überwiegend Werke zeitgenössischer tschechischer und internationaler Künstler aus.
■ Nerudova 13, Tel. 257 531 220, www.museummontanelli.com, Di–Fr 14–18, Sa, So 13–18 Uhr, 50 CZK

 Restaurants

€€ | **U sedmi Švábů** Im rustikalen Lokal »Bei den Sieben Schwaben« mit Mittelalter-Flair kocht man nach Rezepten des 15. und 16. Jh., etwa Hirsepuffer mit Sauerkraut und Röstzwiebeln. ■ Nerudova 31, Tel. 257 531 455, www.7svabu.cz

21 Palais Waldstein
Valdštejnský palác

Erstes Prager Barockpalais mit Ableger der Nationalgalerie

■ Metro A (Malostranská); Tram 12, 18, 22 (Malostranská)

Im größten Palais Prags sitzt heute der Senat des tschechischen Parlaments, Besucher können es daher nur am Wochenende betreten. Der berühmte böhmische Feldherr Wallenstein (eigtl. von Waldstein) gab es in Auftrag und ließ dafür 23 Häuser abreißen. Mit der monumentalen Anlage entstand wäh-

rend des Dreißigjährigen Krieges das erste profane Barockpalais in Prag. Zum Klarov-Platz hin begrenzt die Reitschule (Valdštejnská jízdárna) den streng geometrischen frühbarocken Garten. Wallensteins früherer Pferdestall gehört heute zur Nationalgalerie und präsentiert regelmäßig sehenswerte Ausstellungen.
■ Palais Waldstein, Valdštejnské náměstí 4, Tel. 257 071 111, www.senat.cz, Sa, So Jan.–März, Nov., Dez. 10–16, April, Mai, Okt. 10–17, Juni–Sept. 10–18 Uhr, Eintritt frei
■ Valdštejnská zahrada (Garten), Letenská, Tel. 257 075 707, Apr., Mai, Okt. Mo–Fr 7.30–18, Sa, So 10–18, Juni–Sept. Mo–Fr 7.30–19, Sa, So 10–19 Uhr, Eintritt frei
■ Valdštejnská jízdárna (Reitschule), Valdštejnská 3, Tel. 257 073 136, www.ngprague.cz, Di–So 10–18 Uhr, 220 CZK, erm. 150 CZK

In der pittoresken Nerudova wurde Jan Neruda geboren

Am Abend

Hradschin und Kleinseite gehören nicht gerade zu den Ecken, in denen man in Kneipen und Clubs die Nacht zum Tage macht. Viel schöner ist es, diesen Teil der Stadt abends zu Fuß zu entdecken. Über die Kampa-Insel spazieren, durch enge Gassen schlendern und hinauf zur Burg, wenn die Touristen verschwunden sind – das macht den Reiz des Viertels aus. Wie überall in Prag gibt es zahlreiche Lokale, die zu einem edlen Tropfen oder einem frisch gezapften Bier einladen.

 ## Konzerte

U Malého Glena. Einer der bekanntesten Jazzclubs der Stadt. Im Erdgeschoss befindet sich eine gemütliche Bar, eine Treppe weiter hinunter der Musikkeller. Täglich Konzerte, von Jazz und Blues bis zu Funk und R'n'B. ■ Karmelitská 23, Tel. 257 531 717, www.malyglen.cz, tgl. 11–2 Uhr (Konzerte ab 21 Uhr), Tram 12, 22, 97 (Malostranské náměstí)

 ## Kneipen, Bars und Clubs

Klub Újezd Freunde lauter Rockmusik kommen hier auf ihre Kosten. Auf drei Etagen versammelt sich täglich ein gemischtes, überwiegend junges und alternatives Publikum. An den Wänden hängen Bilder einheimischer Künstler. ■ Újezd 18, Tel. 251 510 873, www.klubujezd.cz, tgl. 14–4 Uhr

U Hrocha Eines der letzten ursprünglichen Lokale auf der Kleinseite. In der Kneipe treffen sich viele Prager auf ein Feierabendbier – entsprechend laut ist es. Eine Speisekarte gibt es nicht. Stattdessen stehen die Kleinigkeiten, die zum Bier angeboten werden, auf einer Tafel. ■ Thunovská 10, Tel. 257 533 389, tgl. 12–23.30 Uhr, Tram 12, 22, 97 (Újezd)

U Staré studny Charmante Wein- und Cognacbar in einem Kellergewölbe. Zu den edlen Tropfen werden delikate Kleinigkeiten gereicht. ■ Tržiště 3, Tel. 257 530 582, www.ustarestudny.cz, Mo–Sa 16–1 Uhr, Tram 12, 22, 97 (Hellichova/Malostranské náměstí)

Vinograf Moderne, stilvolle Weinbar mit großer Auswahl an tschechischen Weinen, dazu passende Snacks. ■ Míšeňská 8, Tel. 604 705 730, www.vinograf.cz, Mo–Sa 16–24, So 14–22 Uhr, Tram 12, 22, 97 (Malostranské náměstí)

ADAC *Mittendrin*

Die meisten Prag-Besucher, die auf der Burg waren, laufen an der rustikalen Kneipe **U Černého vola** (Tram 22: Pohořelec) vorbei. Man passiert den Loretoplatz Nr. 1 in der Regel viel zu schnell, wenn man nicht auf das Schild mit dem »Schwarzen Ochsen« achtet. Hinter der barocken Fassade versteckt sich seit 1965 ein uriges Lokal mit meist einheimischem Publikum (eine erste Schenke wird bereits 1726 erwähnt). Hier gibt es helles und dunkles Kozel vom Fass und einfache Gerichte zu einem für die Lage erstaunlich günstigen Preis.

Übernachten

Wer sich nach Großstadtromantik mit historischem Flair sehnt, der ist in dem Viertel unterhalb der Burg richtig. Eine Nacht mit dieser wunderschönen Kulisse hat allerdings auch ihren Preis. Will man nicht allzu viel Geld ausgeben, stellen Hostels eine gute Alternative dar, die allerdings auch weniger Privatsphäre bieten.

€

Hotel Loreta Kleines, familiäres Hotel in unmittelbarer Nähe zum Loreto-Heiligtum. Schlicht eingerichtete Zimmer, Frühstücksbuffet ist im Preis inbegriffen. ■ Loretánské náměstí 8, Tel. 233 310 510, www.hotelloreta.cz, Parkplatz für 17 €/Tag

€€

The Nicholas Wer es gern so richtig privat mag, ist hier richtig. Das Hotel verfügt über neun gemütliche Appartements. Das Frühstück wird auf dem Flur angerichtet, mit seinem gefüllten Teller zieht man sich dann auf das Zimmer zurück. Das Personal ist überaus freundlich. ■ Malostranské náměstí 5, Tel. 731 452 791, https://the nicholashotel.com

Hotel Waldstein Hochherrschaftliche Räume, reichhaltiges Frühstück im Kellergewölbe, ein toller Blick auf den Wallensteingarten. ■ Valdštejnské náměstí 6, Tel. 257 533 938, www.hotel waldstein.cz

€€€

The Augustine Luxushotel in einer ehemaligen Klosteranlage, zehn Minuten zu Fuß von der Karlsbrücke entfernt. Mit Spa- und Fitnessbereich. ■ Letenská 12, Tel. 266 112 233, www.augustinehotel.com

Stilvolle und gemütliche Appartements im Hotel The Nicholas

Nové Město –
Repräsentative Neustadt

Das geschäftigste Viertel Prags mit langer Geschichte verströmt einen Hauch von Weltstadt

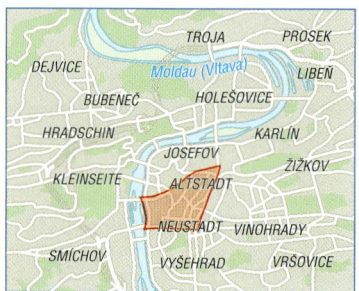

Die Neustadt ist das kommerzielle Zentrum der tschechischen Hauptstadt. Der Wenzelsplatz bildet das Herz des Viertels, das sich nordöstlich und südwestlich davon zur Moldau hin erstreckt. Doch der Name täuscht: Die »Neustadt« wurde bereits 1348 von Karl IV. (S.114) gegründet, um seine zukünftige Kaiserstadt großzügig zu erweitern. Im 19. Jh. mussten die ursprünglich niedrigen Bebauungen aus dem Mittelalter repräsentativen Gründerzeit-Projekten weichen. Später kamen Gebäude des Jugendstils, des Funktionalismus und des Sozialistischen Realismus hinzu. Erst nach der politischen Wende 1989 ergänzten auch moderne Glaspaläste das heterogene Erscheinungsbild. Zu dem internationalen Charakter dieses Viertels tragen nicht zuletzt viele gut verdienende Ausländer bei, die die erhöhten Preise in den schicken Cafés und Restaurants nur mit einem müden Lächeln quittieren.

In diesem Kapitel:

ADAC Top Tipps

6 Passage Lucerna
| Einkaufsgalerie |
Pompöse Jugendstil-Ladenpassage mit Kino, Musikclub und sympathischen kleinen Geschäften. 69

ADAC Empfehlungen

11 Rašín–Kai
| Uferpromenade |
Im Sommer die neue Ausgeh-Meile mit Bauern-Markt. 80

12 St. Kyrill und Method
| Kirche |
Symbolstätte des Widerstands gegen die Nazis. 81

Mosaic House
| Hotel |

Modern und individuell eingerichtete Zimmer und eine Terrasse mit tollem Ausblick machen das Hotel zu einem echten Geheimtipp im Zentrum. 85

22 Wenzelsplatz (Václavské náměstí)

Das pulsierende Zentrum der Neustadt

![Wenzelsplatz mit Reiterstatue]

Wenzelsplatz (Václavské náměstí) mit Reiterstatue des heiligen Wenzel

ℹ Information

- Metro A/B (Můstek); Metro A/C (Muzeum); Tram 6, 9, 93, 97 (Václavské náměstí)
- Prague Information Service, Rytířská 404/12, Tel. 221 714 714, tgl. 9–19 Uhr, www.prague.eu/en
- Parken: siehe S. 70

Der Wenzelsplatz bildet den städtebaulichen Kontrast zur engen Altstadt. Der einst schmucklose Rossmarkt wurde Mitte des 19. Jh. zum neuen Zentrum der Stadt. Geschäftspassagen, schicke Designerläden und Kultureinrichtungen reihen sich an Bordelle, Casinos und Fast-Food-Restaurants.

Und mittendrin pendelt die Straßenbahn im Minutentakt. Der untere Teil ist inzwischen Fußgängerzone. Doch richtig angekommen ist das weder bei Einheimischen noch Touristen. Der Wenzelsplatz ist Prager Stolz und Unort. Er ist laut, hektisch, bunt und faszinierend zugleich. Als schön würden ihn wohl nur die wenigsten bezeichnen.

Nationalmuseum
| Museum |

Am oberen Ende des Wenzelsplatzes thront das Nationalmuseum (Historická budova Národního muzea). Der kolossale Neorenaissancebau ersetzte Ende des 19. Jh. Teile der alten Stadt-

Plan
S. 69

b **Ehemaliges Parlamentsgebäude**

| Museum |

Größer könnte der Kontrast kaum sein: Neben dem Nationalmuseum als Monument großbürgerlichen Vaterlandsstolzes steht das futuristisch-nüchterne ehem. Parlamentsgebäude der Nationalversammlung der ČSSR. Der 1973 fertiggestellte, konstruktivistische Betonklotz von Karel Prager schloss das einstige Börsenhaus aus den 1930er-Jahren mit ein. Nach 1989 bezogen es Journalisten von Radio Free Europe. 2009 übernahm das Nationalmuseum den Komplex. Heute beherbergt er wechselnde Ausstellungen sowie die Büros des Nationalmuseums.

■ Metro A/C, Tram 11 (Muzeum)
■ Vinohradská 1, Tel. 224 497 111, www.nm.cz, tgl. 10–18 Uhr, 200 CZK, erm. 140 CZK

c **Staatsoper**

| Opernhaus |

Am 5. Januar 1888 eröffnete das Neue Deutsche Theater mit Richard Wagners

ADAC *Mittendrin*

Corrupt Tour bringt Besucher an Orte, an denen sich die größten Korruptionsfälle der Republik veranschaulichen und kommentieren lassen. Das Ganze vorgetragen mit einer ordentlichen Portion Sarkasmus und schauspielerischem Talent. Auch auf Deutsch.
Ca. 750 CZK, Tel. 739 990 080, www.corrupttour.com

mauer samt Rosstor. Die Pläne stammten wie schon beim Rudolfinum von Josef Schulz. Der Architekt konzipierte ein Gebäude der Superlative, um der Größe des Wenzelsplatzes gerecht zu werden. Eindrucksvoll ist der Eingangsbereich mit Treppenaufgang, Vestibül und dem mit Kuppel abgeschlossenen Pantheon mit Wandmalereien und Statuen zur böhmischen Geschichte. Der 104 m lange Bau beherbergt das Naturhistorische Museum (geplante Wiedereröffnung 2018).

■ Metro A/C, Tram 11 (Muzeum)
■ Václavské náměstí 68, www.nm.cz, nach Wiedereröffnung tgl. 10–18 Uhr, 200 CZK, erm. 140 CZK

Passage Lucerna: David Černýs eigenwillige Version der Wenzel-Reiterstatue

»Meistersingern«. Der Neorenaissance-Bau wurde mit Spenden deutschsprachiger Prager finanziert – eine Reaktion auf das 1883 eingeweihte Nationaltheater an der Moldau (S.76), in dem überwiegend Stücke in tschechischer Sprache aufgeführt wurden. Heute ist die Staatsoper (Státní opera Praha) Prags drittgrößte Bühne und Teil des Nationaltheaters.

■ Metro A/C, Tram 11 (Muzeum); Metro C (Hlavní nádraží)

■ Wilsonova 4, Tel. 224 901 448, www.narodni-divadlo.cz. Wegen Generalsanierung bleibt die Staatsoper in den Saisons 2017/18 und 2018/19 geschlossen

ⓓ Reiterstatue des hl. Wenzel
| Denkmal |

Hoch zu Ross, mit Harnisch und Lanze überblickt der hl. Wenzel (Václav) den ihm zu Füßen liegenden Platz. Der Prager Bildhauer Josef Myslbek arbeitete fast drei Jahrzehnte an dem Werk, ehe es 1912 eingeweiht wurde. Wenzel wurde 929 oder 935 (die Geschichtsschreibung ist unklar) von seinem Bruder ermordet. Kurze Zeit später folgte die Heiligsprechung und der Aufstieg zum Landespatron. »Beim Pferd«, wie es im Volksmund heißt, fanden 1968 heftige Proteste gegen den Einmarsch der Truppen des Warschauer Paktes statt, die in der Selbstverbrennung des Studenten Jan Palach gipfelten. Im Herbst 1989 versammelten sich rund 200 000 Demonstranten unter Wenzels wachsamen Augen, um das Ende der kommunistischen Herrschaft durch das Klingeln ihrer Schlüsselbünde einzuläuten. Die geschichtsträchtige Stelle wird auch heute noch als Versammlungsort genutzt.

■ Metro A/C, Tram 11 (Muzeum)

Palais Koruna

| Prachtbau |

Den Wenzelsplatz säumen pompöse Häuser aus allen Bauphasen der vergangenen 120 Jahre. Die neueren Datums verdienen kaum Aufmerksamkeit. Zwei in ihrer Art sehr unterschiedliche Jugendstil-Gebäude ragen jedoch heraus. Das Palais Koruna von 1911/12 steht am unteren Ende des Platzes. Das Eckhaus (heute Einkaufszentrum) besticht durch schlichte Eleganz und nimmt Elemente des Funktionalismus vorweg. Den Namen hat es von seiner Krone, die das Dach ziert.

■ Václavské náměstí 1, www.koruna-palace.cz

Grand Hotel Evropa

| Architektur |

Auf der gleichen Seite des Platzes beeindruckt das Grand Hotel Evropa mit einer deutlich verspielteren Fassade. Der Neorenaissance-Bau aus den 1880ern wurde Anfang 20. Jh. im Jugendstil umgebaut.

■ Václavské náměstí 25

Passage Lucerna

| Einkaufsgalerie |

 Jugendstil-Passage mit legendären Musikclubs, Läden und Cafés

Ladenpassagen ziehen eher Shopping-Fans an. Dieses Labyrinth aus Musikclubs, Theater, Kino, Galerien, Cafés und Boutiquen zwischen den Straßen Vodičkova und Štěpánská vermag dank großzügiger Passagenarchitektur mit Jugendstilelementen auch kunsthistorisch zu faszinieren. Der Palác Lucerna samt Passage (Pasáž Lucerna) wurde 1907–1911 von Václav Havel, Großvater des Ex-Präsidenten, als Kulturkomplex und erster Stahlbetonbau der Stadt geplant. Dekorativer Jugendstil wie beim Treppenaufgang zu Kino und

Galerie, Marmorverkleidung und orientalischer Dekor verleihen der Passage etwas Geheimnisvolles. Im ehrwürdigen Kino Lucerna (S. 84) finden regelmäßig Filmvorführungen in Originalfassung und mit englischen Untertiteln sowie im Oktober ein Festival deutschsprachiger Filme (S. 126) statt. Im großen Festsaal und in der Lucerna Music Bar (S. 83) spielen internationale Bands von Rang. Von der zentralen Kuppel hängt David Černýs Version der Statue des hl. Wenzel: Der Fürst sitzt hier seit 1999 auf dem Bauch seines kopfüber hängenden Pferdes. Viel Charme hat der nach Südwesten, hinter der Kinokasse rechts, abgehende Flügel der Passage. Hier findet man u. a. ein belgisches Schokoladen-Geschäft, kleine sympathische Friseursalons und die Bücherei mit Café »Řehoř Samsa«, in der man sich wie aus der Zeit gefallen vorkommt.

◼ Pasáž Lucerna, Štěpánská 61/Vodičkova 36, www.lucerna.cz

ADAC *Wussten Sie schon?*

 Passage Světozor

| Einkaufsgalerie |

Gegenüber dem Palast Lucerna (Nr. 39) liegt der Eingang zur Světozor-Passage (Pasáž Světozor) mit gleichnamigem Programmkino (S. 84). Ein riesiges Buntglasfenster als Werbung für die ehemalige sozialistische Radioherstellerfirma Tesla taucht den Durchgang zum idyllischen Franziskaner-Garten (Františkánská zahrada) in ein besonderes Licht. In der kleinen Parkanlage, die an ihrem anderen Ende auf den Jungmann-Platz führt, herrscht auf einen Schlag Ruhe. Wer unter dem Mosaik nach rechts abbiegt, gelangt in die Passage des Hauses U Stýblů und zurück auf den Wenzelsplatz.

◼ Vodičkova 39

 Parken

Zwischen Oper und Hauptbahnhof befindet sich mit dem **Eltodo Parking Centrum** eines der größten Parkhäuser der Innenstadt mit direktem Anschluss zur zentralen Nord-Süd-Achse.

◼ Wilsonova 6, Tel. 224 210 957, 40 CZK/Std., 650 CZK/Tag

 Cafés

Kavárna Lucerna Typisches Lokal im Stil der Neustädter Kaffeehäuser. Ideal für den kleinen Snack zwischendurch.

◼ Pasáž Lucerna, Tel. 224 215 495, tgl. 10–24 Uhr

Einkaufen

FranSýr Guter Käse- und Weinladen mit französischen Produkten und Sitzgelegenheiten für den Verzehr vor Ort.

◼ Pasáž Lucerna, Vodičkova 34, Tel. 775 627 913, www.fransyr.cz

Bar der Kavárna Lucerna in der gleichnamigen Passage

23 Na příkopě
Am Graben

Beliebte und belebte Einkaufsmeile an der Grenze zwischen Alt- und Neustadt

■ Metro A/B (Můstek); Metro B, Tram 8, 15, 26, 91, 94 (Náměstí Republiky)

Vom unteren Ende des Wenzelsplatzes bis hin zum Platz der Republik (Náměstí Republiky) erstreckt sich die Fußgängerzone Am Graben. Ende des 18. Jh. wurde der alte Stadtgraben zugeschüttet und zum breiten Boulevard umgestaltet. Heute bildet dieser das hektischere Gegenstück zur Pariser Straße mit ihren teuren Boutiquen. Hier reihen sich moderne Warenhäuser an Fast-Food-Restaurants und Cafés, wie man sie überall in den Großstädten findet. Dazwischen stehen aber auch einige architektonische Fundstücke, die einen Augenblick der Aufmerksamkeit verdienen.

 Sehenswert

Palais Sylva-Tarouca
| Prachtbau |

Schon bevor der Graben als historische Trennlinie von Alt- und Neustadt beseitigt wurde, säumten beide Ufer luxuriöse Stadtresidenzen wohlhabender Adels- und Patrizierfamilien. In seiner ganzen Pracht kann man heute nur noch das Palais Sylva-Tarouca von Kilian Ignaz Dientzenhofer bewundern. Das Gebäude wurde um 1750 nach dessen Plänen umgebaut. Besonders sehenswert ist das Treppenhaus mit seinen üppigen spätbarocken Skulpturen, Stuckaturen und Fresken.

■ Na příkopě 10

Ehemalige Stadtsparkasse
| Architektur |

Der Barockpalast wurde 1894–1896 im Neorenaissance-Stil umgestaltet. Architekt Osvald Polívka nahm für die aufwendige Fassade die Dienste des

Malers Mikoláš Aleš in Anspruch. Das Haus diente seither verschiedenen Kreditinstituten als Hauptsitz, unter anderem der Tschechischen Gewerbebank. Der prunkvoll verzierte Eingangs- und Treppenbereich, ein Höhepunkt künstlerischen Schaffens der böhmischen Belle Époque, ist öffentlich zugänglich.

■ Na příkopě 20, Ecke Nekázanka

Tschechische Nationalbank
| Architektur |

Den eindrucksvollen Abschluss der Einkaufsmeile bildet der monumentale Hauptsitz der Tschechischen Nationalbank (Česká národní banka ČNB), ein Spätwerk des Prager Architekten Bedřich Bendelmayer, der darin Elemente des Neoklassizismus und Funktionalismus vereinte. Die schlichte, gerade Linienführung steht im harten Kontrast zum gegenüberliegenden Gemeindehaus (S.29) und dessen verspieltem Jugendstil. Das Haus krönt die Skulptur »Genius mit dem böhmischen Löwen« von Antonín Popp, die, bereits 1898 entstanden, zunächst auf dem alten Gebäude der Gewerbebank etwas weiter westlich stand.

■ Na příkopě 28, www.cnb.cz

 Einkaufen

Slovanský dům Neben der Nationalbank liegt das »Slawische Haus«, hinter dessen Barockfassade sich ein moderner Kultur- und Konsumpalast mit Multiplex-Kino, Boutiquen und Restaurants verbirgt. ■ Na příkopě 22, Tel. 221 451 380, www.slovanskydum.cz, tgl. 10–20 Uhr

Maurisch inspiriert: Jerusalem- oder Jubiläumssynagoge

24 Jindřišská
Heinrichsgasse

Vom alten Heinrichsturm zum Jugend-stil Alfons Muchas

■ Metro A (Muzeum); Tram 6, 9, 24, 93 (Jindřišská)

Die Heinrichsgasse bildet die Verbindung zwischen Wenzelsplatz und Heumarkt (Senovážné náměstí). Ihren Namen verdankt sie Kaiser Heinrich II., der den slawischen Přemysliden im 11. Jh. zur Festigung ihrer Macht in Böhmen verhalf. Die Jindřišská und die Straßenzüge herum gehören nicht gerade zu den schönsten Gegenden der Innenstadt. Trotzdem lohnt sich ein kleiner Spaziergang zum gotischen Heinrichsturm (Jindřišská věž), von dessen Galerie man einen schönen Ausblick über die östliche Neustadt genießt. Ein kurzer Halt empfiehlt sich u. a. in der Hauptpost (Nr. 14). Ein überdachter Innenhof dient als prachtvoll eingerichteter Schalterraum mit Jugendstil-Wandmalereien.

 Sehenswert

St. Heinrich und Kunigunde
| Kirche |

Das gotische Gotteshaus (Kostel Svatý Jindřich a svatá Kunhuta) wurde 1350 von Karl IV. gestiftet und dem heilig gesprochenen Heinrich II. und dessen Gattin Kunigunde geweiht. Im Innern erfolgte im 17. Jh. eine Barockisierung. Dekorativer Höhepunkt ist das Hauptaltargemälde mit Darstellung des Kaiserpaars. Im Dezember 1875 wurde hier Rainer Maria Rilke, einer der bedeutendsten deutschsprachigen Vertreter der literarischen Moderne, getauft.

Rilkes Geburtshaus steht nur wenige Meter entfernt in der Jindřišská 17.

■ Jindřišská 30

Mucha Museum
| Galerie |

In einer Parallelstraße zur Heinrichsgasse Richtung Na příkopě ist das Mucha Museum Heimat einer umfangreichen Schau zu Leben und Werk des böhmischen Jugendstil-Künstlers Alfons Mucha (1860–1939). Das alte Barockgebäude des Palais Kaunitz (Kaunický Palác), im klassizistischen Stil umgebaut, bietet den idealen Resonanzraum für dessen dekorative Bilderzyklen, Poster und Gemälde.

■ Panská 7, www.mucha.cz, tgl. 10–18 Uhr, 240 CZK, erm. 160 CZK

Jerusalemsynagoge
| Gotteshaus |

Wenige Schritte von St. Heinrich und Kunigunde bietet die Jerusalem- oder Jubiläumssynagoge (Jeruzalémská/Jubilejní synagoga) Platz für fast 900 Gläubige. Der größte jüdische Tempel Prags wurde Anfang des 20. Jh. von Wilhelm Stiassny im pseudomaurischen Stil erbaut und erhielt seinen Namen anlässlich des 50. Jahrestages der Thronbesteigung Kaiser Franz Josephs I. im Dezember 1908.

■ Jeruzalémská 7

 Kinder

Muzeum smyslů Überrascht werden die Besucher im Museum der Sinne, wenn sie erfahren, wie ihre Wahrnehmung sie täuscht. Groß und Klein können ihre Sinne in verschiedenen Welten erproben. ■ Jindřišská 20, www.muzeumsmyslu.cz, Mo–Fr 10–22, Sa, So 9–22 Uhr, 290 CZK, erm. 170 CZK

Im Blickpunkt

Die Samtene Revolution und Václav Havel

Am 17. November 1989 demonstrierten Zehntausende Prager Studenten gegen die Staatsmacht. Die brutale Antwort der Sicherheitskräfte provozierte weitere Proteste und Streiks. Am 19. November wurde das Bürgerforum (Občanské fórum OF) gegründet. Einer seiner führenden Vertreter war der Lyriker und Dissident **Václav Havel** (1936–2011). Er und seine Mitstreiter forderten das Ende der Herrschaft der Kommunisten, welche Ende November ihre verfassungsmäßigen Privilegien aufgaben. Noch vor dem Jahreswechsel war die Samtene Revolution erfolgreich, und Havel wurde neuer Staatspräsident. Später hatte er dasselbe Amt auch in der Tschechoslowakischen Föderativen Republik sowie ab 1993 in der Tschechischen Republik inne. Der »Dichterpräsident« genoss während seiner Amtszeit vor allem im Ausland hohes Ansehen, während ihm die Herzen seiner Landsleute erst nach seinem Tod 2011 wieder uneingeschränkt zuflogen. Viele Tschechen mochten den zu zaghaften Politiker Havel am Ende seiner Amtszeit deutlicher weniger als den Dissidenten und Lyriker.

25 Národní

Ausgangspunkt der Samtenen Revolution und beliebter Boulevard

■ Metro B (Můstek); Metro B, Tram 9, 18, 22, 93, 97 (Národní třída)

Ursprünglich hieß die Verbindung zwischen Jungmannplatz (Jungmannovo náměstí) und Moldau »Neue Allee«. Erst nach der Unabhängigkeitserklärung der ersten Tschechoslowakischen Republik 1918 erhielt sie ihren aktuellen Namen »Nationalallee«. Der verkehrsberuhigte Charakter einer innerstädtischen Fußgängerzone fehlt der oft nur Národní genannten, eigentlich aber Národní třída getauften Straße leider völlig. Dafür vermengt sich hier touristisches Publikum mit einheimischen Passanten auf dem Weg zum Lieblingscafé, Einkaufsbummel oder Theaterbesuch. Die Straße ist auch ein Erinnerungsort von zeitgeschichtlicher Bedeutung. Am 17. November 1989 markierte hier die Zerschlagung einer Studentendemonstration durch Polizei und Staatssicherheit den Beginn der Samtenen Revolution (siehe »Im Blickpunkt«, S. 74). Eine Gedenktafel an der Národní 16 erinnert an diesen Wendepunkt der Geschichte.

 Sehenswert

Palais Adria
| Prachtbau |
Das auffällige Palais (Palác Adria) Ecke Jungmannovo náměstí und Národní scheint einem Lego-Baukasten entsprungen. Josef Zasche und Pavel Janák erstellten den rondokubistischen Palast 1922–1924 für die Mailänder Versicherungsgesellschaft Riunione Adriatica di Sicurtà in Anlehnung an die venezianische Renaissance. Ladenpassage, »Galerie der Kritiker« und das »Café Adria« im ersten Stock sind einen Besuch wert (www.caffeadria.cz).
■ Jungmannovo náměstí 31/Národní 40

Maria Schnee
| Kirche |
Die Kirche (Chrám Panny Marie Sněžné) wurde 1347 von Kaiser Karl IV. gegründet. Der ursprünglich gotische Bau, der den ganzen heutigen Platz einnehmen sollte, wurde wegen der Hussitenkriege im 15. Jh. unterbrochen, dann im Renaissance- und Barock-Stil vollendet. Mit 40 m Höhe besitzt er den höchsten gotischen Chor der Stadt.
■ Jungmannovo náměstí 18, www.pms.ofm.cz

Im Blickpunkt

Die Prager Kaffeehäuser

Im Geist der Wiener Kaffeehaus-Kultur entstanden um 1900 herum mehrere Art-déco- und Jugendstil-Lokale in Prag, in denen sich Künstler und Intellektuelle die Zeit mit Diskutieren, Zeitungslesen oder Billardspielen vertrieben. Dazu gehören nicht nur die populären **Louvre** und **Slavia** in der Národní třída (S. 76), sondern auch das **Café Imperial** nahe Náměstí Republiky mit atemberaubenden Jugendstildekor (unten) im gleichnamigen Hotel (S. 85). Inzwischen hat sich in den In-Vierteln Vinohrady, Žižkov und Holešovice eine neue Szene entwickelt. Dort werden Coolness und Vielfalt des Kaffeebrauens in diversen Konzept-Lokalen zuweilen übertrieben zelebriert, doch geht dies andererseits nicht selten mit einer gesteigerten Qualität des Getränks einher.

Österreichisches Kulturforum (ÖKF)

| Kulturzentrum |

Am Jungmannplatz vor der Kirche Maria Schnee liegt das Österreichische Kulturforum. Ein vielfältiges Angebot oft eintrittsfreier Veranstaltungen geht hier im Rahmen des österreichisch-tschechischen Kulturaustauschs über die Bühne. Für deutschsprachige Touristen und Expats, die sich für Kunst und Kultur interessieren, ein idealer, weil zentraler Veranstaltungsort.

 Jungmannovo náměstí 18, www.oekf prag.at, Mo–Fr 10–17 Uhr

☕ Cafés

Louvre und Slavia In der Národní liegen zwei traditionsreiche Cafés. Hier verkehrten schon Bedřich Smetana, Franz Kafka, Rainer Maria Rilke oder Václav Havel. Während des Sozialismus geschlossen, wurden beide in den 1990ern wiedereröffnet. Im Slavia kann man sich unter Viktor Olivas »Absinthtrinker« (1905) einen Schluck des grünen Schnapses gönnen. ■ Louvre: Národní 22, Tel. 724 054 055, www.cafe louvre.cz; Slavia: Smetanovo nábřeží 2, Tel. 224 218 493, www.cafeslavia.cz

🛍 Einkaufen

Quadrio Das moderne Einkaufszentrum Quadrio mit Läden vom günstigen Supermarkt über Apotheken bis Designershops steht über der Metro-Station Národní třída. Eigentlicher Höhepunkt ist der über zehn Meter hohe, sich um die eigene Achse drehende Kafka-Kopf »K.« im rückseitigen Hof. Für die Skulptur legte David Černý (siehe »Gefällt Ihnen das?«, S. 57) 42 sich bewegende Panels übereinander. ■ Spálená 2121/22, www.quadrio.cz

26 Nationaltheater
Národní divadlo

Bedeutendstes Bauwerk aus der Zeit der Nationalen Wiedergeburt

■ Tram 9, 17, 22, 93 97 (Národní divadlo)
■ Národní 2, Tel. 224 901 448, www. narodni-divadlo.cz

Josef Zítek errichtete das Nationaltheater 1868–1881, überwiegend aus Spendengeldern. Das imposante Neorenaissance-Gebäude stammt aus der Zeit der tschechischen Nationalbewegung und ist Ausdruck eines Volkes, das sich nicht nur politisch emanzipieren, sondern auch seiner eigenen kulturellen Identität eine repräsentative Spielstätte geben wollte. Daher auch das über der Bühne stehende Motto: »Národ sobě« – »Das Volk sich selbst«. 1881 brannte das Haus kurz vor Eröffnung aus und wurde in nur zwei Jahren von Zíteks Schüler Josef Schulz wieder aufgebaut. Es wird aufgrund seiner schillernden Dachkonstruktion im Volksmund auch »Goldene Kapelle« genannt. Hier finden auch wichtige gesellschaftliche Veranstaltungen abseits des regulären Theaterbetriebs statt, manche Stücke werden englisch übertitelt (S.83).

1977–1983 errichtete man nach Plänen Karel Pragers gleich nebenan die Nová scéna. In dem futuristischen Gebäude finden Aufführungen der »Laterna magika« statt. Der Prager Regisseur Alfred Radok revolutionierte mit einer genreübergreifenden Mischung aus Pantomime, Musical, Ballett und Schauspiel die damalige Theaterwelt und forderte dank neuartiger Technik mit Dia- und Filmprojektionen die Sehgewohnheiten seines Publikums heraus (S.83).

Im Blickpunkt

Pivo – (der Tschechen) allerheiligstes Nationalgetränk

Schon Jaroslav Hašeks braver Soldat Schwejk machte mit seinem berühmten Ausspruch »Nach dem Krieg um sechs im Kelch!« deutlich, was der Tscheche am liebsten tut: nämlich Biertrinken in der Stammkneipe. Das hat sich bis heute nicht geändert. Ob in der **Pivnice** (Bierstube), in der **Hospoda** (Wirtshaus) oder in den Biergärten – das flüssige Gold (»pivo«) fließt in Strömen. Bei über 140 Litern liegt der Konsum pro Kopf und Jahr. Das ist Weltrekord. In Deutschland (auf Platz zwei) und Österreich (verlässlich ebenfalls in den Top Ten) sind es etwas über 100 Liter. Rund 40 industrielle Groß- und unzählige Kleinbrauereien produzieren jährlich ca. 20 Mio. Hektoliter Bier. Wer an der Theke ein kleines Bier bestellt, wird vom Wirt gehänselt – Standard ist selbstverständlich ein Halbliter-Glas.

Beliebteste Marken sind das **Plzeňský Prazdroj** mit dem Pilsner Urquell, das original **Budvar** sowie das **Velkopopovický Kozel**. Aber auch Biere aus Minibrauereien erfreuen sich zunehmender Beliebtheit. Der Gerstensaft wird nicht nach Alkoholgehalt, sondern nach Gehalt an Stammwürze differenziert. Sie beziffert den Nährstoffgehalt eines Bieres vor dem Einsetzen des Gärungsprozesses. Ein 10er hat rund 4 Volumenprozent, ein 12er etwa 4,5 bis 5.

Eine der bekanntesten Bierstuben Prags mit eigener Brauerei ist das **U Fleků** wenige Schritte vom Nationaltheater entfernt. Heute ist das traditionsreiche Lokal leider zu einer ziemlich überlaufenen Touristenattraktion verkommen.
Křemencova 11, www.ufleku.cz

Cafés

Café Nona In der ersten Etage der Nová scéna verbirgt sich ein Lokal mit 1970er-Jahre-Charme. Beliebt beim einheimischen und jungen Publikum. ■ Tel. 775 755 147, www.cafenona.cz, Mo–Fr 9–24, Sa, So 11–24 Uhr

 Kinder

Laterna magika Vor allem die Stücke »Malý princ« (»Der kleine Prinz« nach Antoine de Saint-Exupéry) sowie der seit über 40 Jahren zum Repertoire gehörende »Kouzelný cirkus« (»Zauberzirkus«) begeistern die kleinen Besucher. Die Inszenierungen sind besonders um die Weihnachtszeit sehr gut besucht, weshalb Tickets im Vorverkauf erworben werden sollten. Ansonsten sind Karten problemlos an der Tageskasse zu erstehen.

27 Masaryk–Kai
Masarykovo nábřeží

Glanzvolle Uferpromenade in Nachbarschaft der idyllischen Slaweninsel

■ Tram 9, 17, 22, 93 97 (Národní divadlo)

Wer nach einem Paradebeispiel sucht, warum Prag seinen inoffiziellen Titel Goldene Stadt bis heute zu Recht trägt, sollte von der Kleinseite aus in Richtung Masaryk-Kai schauen. Die Promenade erstreckt sich von der Legionenbrücke (Most Legií) flussaufwärts bis zum Tanzenden Haus. Prachtvolle Gebäude, beginnend mit dem Nationaltheater (S. 76), reihen sich hier aneinander. Vorgelagert ist mit der Slaweninsel (Slovanský ostrov) die vielleicht schönste Moldauinsel der Stadt.

● **Sehenswert**

Goethe-Institut
| Architektur |
Das Eckhaus gleich hinter dem Nationaltheater ist spektakulärer Ausgangspunkt einer prächtigen Häuserzeile. Den Jugendstilbau von 1902/05 zieren Plastiken von Ladislav Šaloun. Im Sozialismus diente es als DDR-Botschaft, seit 1991 bereichert darin das Goethe-Institut das Prager Kulturleben.
■ Masarykovo nábřeží 32, Tel. 221 962 111, www.goethe.de/ins/cz/de

Galerie Mánes
| Architektur |
Das südliche Ende des Masaryk-Kais markiert die Galerie Mánes. Der nach dem böhmischen Romantik-Maler Josef Mánes genannte Verein bildender Künstler ließ es Ende der 1920er-Jahre erbauen. Das Gebäude zählt zu den herausragenden Vertretern des Prager Funktionalismus. Die Konstruktion bildet gleichzeitig eine Brücke zwischen Kai und Slaweninsel. Gleich daneben steht der alte gotische Wasserturm. Einst Teil eines Mühlensystems, wurde er vom kommunistischen Geheimdienst StB als Beobachtungsposten genutzt – für den gegenüber wohnenden Dissidenten Václav Havel.
■ Masarykovo nábřeží 1, Tel. 606 851 158, www.galeriemanes.com

Slaweninsel
| Insel |
Die rund 400 m lange Insel (Slovanský ostrov) entstand erst im 18. Jh. durch natürliche Anschwemmung. 1832–1918 hieß das kleine Eiland nach der Mutter Kaiser Franz Josephs Sophieninsel. 1848 fand hier unter Leitung des Historikers und Führers der Nationalbewegung

Masaryk-Kai – Moldau-Promenade mit prächtigen Gebäuden

František Palacký der Slawenkongress statt. Die heutige Bezeichnung geht auf jene Ereignisse zurück, während das Neorenaissance-Kasino (Palác Žofín) in der Mitte noch den Namen der Kaisermutter trägt. Die Grünflächen werden wie diejenigen der nahen Schützeninsel (Střelecký ostrov) gern zu einem kleinen Spaziergang genutzt.

ADAC *Mobil*

Neben Touristendampfern und kleinen Ausflugsbooten verkehren auf der Moldau sieben **Fähren**. Seit 2005 sind sie Teil des Nahverkehrssystems. Mitfahren kann man also mit normalem Fahrschein (S. 19). Für Besucher interessant: Linie 3 (zwischen Lihovar am westlichen Moldau-Ufer und der Insel Veslařský gegenüber), 5 (verbindet Smíchov und Neustadt) und 7 (zwischen Karlín und Holešovice). *www.dpp.cz/de*

 Erlebnisse

An den Ufern der Slaweninsel ermöglichen einige Anlegestellen für **Tret- und Ruderboote** besonders Touristen mit moderat sportlichem Einsatz einen tollen Blick auf Karlsbrücke und Burg.

28 Tanzendes Haus
Tančící dům

Dekonstruktivistische Architektur mit gesellschaftspolitischer Botschaft

■ Metro B (Karlovo náměstí); Tram 5, 17 (Jiráskovo náměstí)
■ Jiráskovo náměstí 6, www.tadu.cz, tgl., Galerie 10–20, Café-Bar 10–24, Restaurant 11.30–24 Uhr

In den 1990er-Jahren entstanden zahlreiche Neubauten, von denen viele kaum der Rede wert sind. Prominente Ausnahme ist das dekonstruktivistische Tanzende Haus von Vladimír Milunić und Frank Gehry. Die tschecho-kanadische Zusammenarbeit fruchtete 1996 in einem Bau der Gegensätze: vorne das statische, vertikale Element, dahinter das dynamische, umschlingende, das den gesellschaftlichen Umbruch jener Zeit symbolisiert. In Anlehnung an das legendäre Hollywood-Tanzpaar Ginger Rogers und Fred Astair trägt es auch den Spitznamen »Ginger und Fred«. Prominenter Unterstützer des Baus war Václav Havel, der in der Nachbarschaft wohnte. Im Gebäude logieren eine Galerie für moderne Kunst, eine Bar und ein Restaurant mit spektakulärer Aussichtsterrasse.

29 Rašín-Kai
Rašínovo nábřeží

 Uferpromenade und angesagter Treffpunkt mit Märkten

■ Metro B (Karlovo náměstí, Ausgang Palackého náměstí)
■ Tram 3, 10, 17, 92 (Palackého náměstí) oder Výtoň

Der Uferabschnitt zwischen Vyšehrad und Tanzendem Haus lädt nicht nur zum Flanieren ein. An manchen Sommerabenden wandelt sich die 1,5 km lange Fußgängerzone an der Moldau, die nach einem Mitbegründer der Tschechoslowakei benannt wurde, zur Partymeile. Beliebt ist die »Náplavka« auch wegen ihrer kulinarischen Festivals und Wochenmärkte. Auf dem »Loď Tajemství« und der »(A)VOID Floating Gallery« spielen am Abend Theatergruppen und internationale Musiker. Andere Boote, die an der Náplavka angelegt haben, laden zu Snacks und Getränken ein – zumindest in der warmen Jahreszeit. Wer nur vom Großstadttrubel verschnaufen und dabei

das Panorama genießen will, ist hier auch in der Nebensaison richtig.
■ Pražské náplavky, Tel. 222 013 618, Veranstaltungen: www.prazskenaplavky.cz

ADAC *Mittendrin*

An vielen Ständen des **Bauernmarkts am Rašín-Kai** (links) gibt es günstig Kaltes und Warmes aus hochwertigen Produkten. Das frische Angebot wird immer beliebter und läuft Fast-Food-Ketten und Imbissbuden oft den Rang ab. Die Öffnungszeiten können variieren, vor allem samstags gehen die Standbetreiber mittags ins Wochenende, unter der Woche verkaufen sie meist bis 18 Uhr. *Ab 8 Uhr, Sommer Mi und Sa, ab Okt. nur Sa, www.farmarsketrziste.cz*

30 Emmauskloster
Emauzský klášter

Der Sakralbau beherbergt einen wertvollen Freskenzyklus.

■ Metro B (Karlovo náměstí); Tram 3, 10, 18 (Moráň oder Karlovo náměstí)
■ Vyšehradská 49, Tel. 221 979 228, Nov.–März Mo–Fr 11–14, April, Okt. Mo–Fr 11–17, Mai–Sept. Mo–Sa 11–17 Uhr, www.emauzy.cz, 60 CZK, erm. 40 CZK

Mit dem Emmauskloster (Emauzský klášter), 1347 »Bei den Slawen« (Na Slovanech) gegründet, wollte Karl IV. (S.114) die Beziehungen zu den südöstlichen Teilen Europas verbessern und zur Beendigung der Trennung von Ost- und Westkirche beitragen. Zu den wertvollsten Zeugnissen böhmischer Wandmalerei gehört der einst

130 m lange Freskenzyklus um 1360 mit 85 Szenen aus dem Alten und Neuen Testament, heute als sog. »Armenbibel« nur noch in Bruchteilen erhalten.

Gegen Ende des Zweiten Weltkrieges wurde die Klosteranlage durch US-amerikanische Bombenangriffe stark beschädigt. Beim Wiederaufbau erhielt die Westfront Ende der 1960er-Jahre ihre markante Dachkonstruktion – als moderne Antwort auf die gotische Formensprache.

31 St. Kyrill und Method
Kostel sv. Cyrila a Metoděje

 Metropolkirche der Diözese Prag und Symbol des Widerstands

■ Metro B, Tram 3, 10, 18, 22, 91–97, 99 (Karlovo náměstí); Tram 5, 17 (Jiráskovo náměstí)
■ Resslova/Na Zderaze (oder Resslova 9a), Tel. 224 916 100, 9–17 Uhr, Nov.–Feb. Di–Sa, März–Okt. Di–So, Eintritt frei

Die in der ersten Hälfte des 18. Jh. spätbarock erbaute Kirche ist heute zentrale Gedenkstätte des tschechischen Widerstands gegen die NS-Herrschaft. 1942 versteckten sich hier sieben Widerstandskämpfer um Jan Kubiš und Jozef Gabčík. Die beiden Fallschirmjäger hatten am 27. Mai im Stadtteil Libeň ein Attentat auf Reinhard Heydrich, stellv. Reichsprotektor in Böhmen und Mähren (S. 119), verübt, an dessen Folgen dieser später starb. Am 17. Juni erfuhr die Gestapo von dem Versteck. Ein SS-Kommando riegelte tags darauf das Gotteshaus großflächig ab. Bei den Kämpfen im Kircheninnern kamen drei Widerstandskämpfer und 14 SS-Leute ums Leben. Vier Tschechoslowaken waren in die Krypta geflüchtet und begingen schließlich Selbstmord. An der Kirchenfassade sind noch die Einschusslöcher der Gefechte zu sehen. Eine Gedenktafel und eine kleine Ausstellung erinnern an das Schicksal der Widerstandskämpfer und die Zeit der deutschen Besatzung.

»Vertreibung aus dem Paradies«: Fresko im Emmauskloster

 Restaurants

€ | U Parašutistů »Bei den Fallschirmjägern« kehren kaum Touristen ein. Einheimische finden umso mehr Gefallen an rustikalem Flair und deftiger Hausmannskost. ■ Resslova 7, Tel. 737 670 278, www.uparasutistu.cz, Mo–Fr 10–23, Sa 11–23, So 11–22 Uhr

Neustädter Rathaus – Ort des ersten Prager Fenstersturzes

32 Neustädter Rathaus
Novoměstská radnice

- Metro B, Tram 3, 10, 18, 22, 91–97, 99 (Karlovo náměstí)
- Karlovo náměstí 23, Tel. 224 948 229, www.nrpraha.cz, Di–So 10–18 Uhr, Turm: 60 CZK, erm. 40 CZK

Das ursprünglich gotische, später im Renaissance-Stil umgestaltete Rathaus war bis zur Vereinigung der »Prager Städte« Ende 18. Jh. das Verwaltungszentrum der Neustadt, später Gericht und Gefängnis. Aus der ersten Bauzeit (Mitte 14. Jh.) sind noch Kellerräume und der als Trausaal verwendete zweischiffige Säulensaal im Erdgeschoss erhalten. Der knapp 70 m hohe Rathausturm (212 Stufen) mit Kapelle im ersten Stock und dem Schauplatz des ersten Prager Fenstersturzes kann ebenso besichtigt werden wie die Ausstellungen im Hauptgebäude. An der Ostseite des Turms markiert die »Prager Elle« ein Längenmaß, das etwa 500 Jahre lang in Böhmen verwendet wurde.

Parken

Am westlichen Ende des Karlsplatzes steht das **Central Parking Prague**.
- Karlovo náměstí 15, Tel. 222 515 714, 30 CZK/Std., 600 CZK/Tag

Cafés

Café Neustadt Das Kaffeehaus am Rathaus (Zugang Vodičkova) zieht seit 2013 vor allem junges Publikum an.
- Tel. 724 625 070, www.cafeneustadt.cz, Mo–Fr 8–24, Sa 10–24, So 10–20 Uhr

ADAC *Wussten Sie schon?*

Der Sturz der königlichen Statthalter Martinitz und Slavata aus einem Fenster der Prager Burg (S. 48) löste 1618 den Dreißigjährigen Krieg aus. Schon 200 Jahre vorher markierte der erste der **Prager Fensterstürze** den Beginn der Hussitenkriege. Anhänger von Jan Želivský drangen 1419 ins Rathaus der Königlichen Neustadt ein, befreiten gefangene Glaubensbrüder und warfen die katholischen Ratsherrn aus dem Fenster. Beim dritten Prager Fenstersturz fand man 1948 Außenminister Jan Masaryk tot vor seinem Amtssitz (S. 53). Sein Tod ist bis heute ungeklärt. Vermutlich beförderte ihn der russische Geheimdienst durch das Fenster ins Jenseits.

Am Abend

Die Neustadt begründet Prags Ruf als Partystadt. Zwischen Karlsplatz und Bus-bahnhof Florenc drängen sich Dutzende Theater, Kinos, Clubs und Bars. Tech-no-Schuppen und Konzerthäuser ziehen das junge Partyvolk an, edle Penthouse-Bars, Musical-Bühnen und Programm-Kinos das eher gesetzte Publikum. In mancher Straße braucht man nicht lange nach der typischen »hospoda« (S.77) zu suchen. Um den Wenzelsplatz herrscht in den Abendstunden das wildeste Treiben. Vor allem am Wochenende vermengen sich hier Horden betrunkener Touristen mit Werbung verteilenden Lockvögeln aus Casinos und Bordellen.

 ## Bühne

Divadlo Image Eines der führenden »Schwarzen Theater«, in dem durch UV-Licht fluoreszierende Gegenstände und Figuren magisch leuchten und sich wie von Geisterhand bewegen. ■ Národní 25, Tel. 222 314 448, www. imagetheatre.cz, Metro B, Tram 22, 97, 98 (Národní třída)

Národní divadlo, Nová scéna Im Nationaltheater (S.76) kommen große Opern und Ballette zur Auffüh-rung. Die »Neue Bühne« ist Schauplatz der »Laterna magika« mit ihren Pantomimen-Aufführungen (S.76). ■ Národní 2 und 4, Tel. 224 901 448, www.narodni-divadlo.cz, Tram 9, 22, 93, 97 (Národní divadlo)

 ## Konzerte

Lucerna Music Bar Konzertlokal mit internationalen Rock- und Popbands. Am Wochenende mit beliebter 1980er/90er-Video-Disco. ■ Vodičkova 36, Tel. 224 217 108, www.musicbar.cz, Tram 6, 9, 91, 94–96 (Václavské náměstí)

Reduta Jazz Club Legendärer Jazz-club mit täglich mindestens einem Konzert. Hier spielten viele inter-nationale Stars – und Bill Clinton ein Saxophon-Solo (S.70). ■ Národní 20, Tel. 224 933 487, www.redutajazzclub.cz, Konzerte ab 21.30 Uhr, Metro B, Tram 22, 97, 98 (Národní třída)

 ## Kneipen, Bars und Clubs

Café Jericho Der Name irritiert. Zwar ist das Jericho tagsüber ein Café, doch in erster Linie eine beliebte, schlichte und gemütliche Studentenkneipe. ■ Opatovická 26, Tel. 739 393 777, www.cafe jericho.cz, Mo–Fr 10–1, Sa, So 15–1 Uhr, Metro B, Tram 22, 97, 98 (Národní třída)

Cloud 9 Sky Bar & Lounge Edel-Bar mit guten, etwas teuren Cocktails im Dachgeschoss des Hilton-Hotels, an der Grenze zwischen Neustadt und Karlín-Viertel. Man bezahlt auch für die tolle Aussicht. ■ Pobřežní 1, Tel. 224 842 999, www.cloud9.cz, Mo–Sa 18–2 Uhr, Metro B/C, Tram 3, 24, 92 (Florenc)

Duplex Einer der führenden Main-stream-Clubs des Landes. Elektro- und House-Partys. Hier trifft sich die modebewusste Jugend. ■ Václavské náměstí 21, Tel. 732 221 111, www. duplex.cz, Mi–Sa 22–5 Uhr, Tram 6, 9, 91, 94–96 (Václavské náměstí)

Glass Bar Etwas kühl eingerichtete Penthouse-Bar mit ordentlichem Preis-Leistungs-Verhältnis, Terrasse und einem fantastischen Ausblick. ■ Jiráskovo náměstí 6, Tel. 739 878 154, http://tadu.cz/en/glass-bar, tgl. 10–24 Uhr, Tram 5, 17 (Jiráskovo náměstí)

Vagon Club Eine Institution. Erst finden Konzerte statt, danach ist Rock-Disco angesagt. Auch bei Pragern noch beliebt, obwohl das Lokal von vielen Touristen besucht wird. ■ Národní 25, Tel. 733 737 301, www.vagon.cz, Mo–Do 19–5, Fr, Sa 19–6, So 19–1 Uhr, Metro B, Tram 22, 97, 98 (Národní třída)

Vinárna U Sudu Bei Einheimischen wie Touristen gleichermaßen beliebte Kneipe, dem Namen nach eine Wein-Bar, doch eher eine klassische Eck-kneipe mit trink- und konversationsfreudigem Publikum. ■ Vodičkova 10, Tel. 222 232 207, www.usudu.cz, Mo–Do 9–4, Fr 9–5, Sa 10–5, So 11–4 Uhr, Tram 5, 9, 24, 91, 94–96 (Vodičkova)

Vzorkovna Alternativer Underground-Club – genauso schwierig zu finden wie auszusprechen. Unscheinbarer Eingang, danach geht es runter in ein kleines gemütliches Labyrinth. ■ Národní 11, Mo–Fr 17–3, Sa, So 18–3 Uhr Tram 9, 22, 93, 97 (Národní divadlo)

 Kinos

Lucerna Einer der größten und schönsten Kinosäle der Stadt und Schauplatz mehrerer Festivals (S. 126). Arthouse-Filme und Blockbuster, meist in Originalsprache, oft mit englischen Untertiteln. ■ Vodičkova 36, Tel. 224 216 972, www.kinolucerna.cz, Tram 6, 9, 91, 94–96 (Václavské náměstí)

Světozor Gegenüber dem Eingang zur Lucerna-Passage bietet das Světozor (S. 70) ein ähnliches Konzept. ■ Vodičkova 41, Tel. 608 330 088, www.kinosvetozor.cz, Tram 6, 9, 91, 94–96 (Václavské náměstí)

 # Übernachten

In der Neustadt entstanden Anfang des 20. Jh. etliche Luxushotels. Viele, wie das prachtvolle »Imperial«, verfielen während des Sozialismus. Nach der Wende wurden einige davon saniert. Neue Hotels unterschiedlichster Kategorien kamen dazu, denn die meisten Besucher wollen zentrumsnah übernachten. Das führt trotz Konkurrenz durch Privatunterkünfte zu teils überhöhten Preisen. Ungeachtet des riesigen Bettenangebots gilt wie in der Altstadt und auf der Kleinseite: Frühzeitiges Buchen spart Geld und Stress. Im Folgenden ist mit dem »Hotel Mucha« auch ein Haus aufgeführt, das im angrenzenden Viertel Karlín liegt.

€

A Plus Hotel and Hostel Eigentlich ist dieses Quartier eher Hostel und Jugendherberge. Aber man kann auch einige ordentliche Dreisterne-Standard-Zimmer buchen. Großer

Vorteil: die Nähe zur Altstadt. Na Florenci 33, Tel. 222 314 272, www.aplus-hostel.cz

Artharmony Pension & Hostel Die schönen, originellen Zimmer sind mit Materialien wie Holz, Stein und

Bambus dekoriert. Hier kommen romantisch veranlagte Naturfreunde auf ihre Kosten. ◼ Ječná 12, Tel. 222 542 931, www.artharmony.cz

Dahlia Inn Einfaches Gästehaus mit ordentlichen, modern eingerichteten und etwas spartanischen Zimmern. Der Service im kleinen Familienbetrieb ist vorbildlich. ◼ Lípová 20, Tel. 222 517 518, www.dahliainn.com

Pension Březina Schlichte Pension mit zweckmäßigen, sauberen, etwas altmodischen Zimmern. Der Innenhof mit Garten lädt zum Entspannen ein. ◼ Legerova 41, Tel. 224 266 779, www. brezina.cz

€€

Ambiance Hotel Die Viersterne-Auszeichnung erscheint ob der spartanischen Standardzimmer etwas hoch gegriffen. Dafür ist das Hotel angesichts seiner zentralen Lage ziemlich preisgünstig. ◼ Tyršova 8, Tel. 227 022 022, www.ambiancehotel.cz

Design Prague Hotel Modern, schlicht und stilvoll präsentiert sich dieses Hotel in der Nähe des Hauptbahnhofs. Die sehr gute Lage hat den Nachteil erhöhten Straßenlärms, der aber nur bei offenem Fenster wirklich stört. ◼ Senovážné náměstí 15, Tel. 255 737 200, www.987praguehotel.com

Hotel Mucha Zuweilen etwas rustikal, aber dennoch stilvoll eingerichtetes Viersternehotel mit erstaunlich günstigen Angeboten. Bucht man frühzeitig, kann man ein echtes Schnäppchen machen. ◼ Sokolovská 65, Karlín, Tel. 222 318 849, www.hotelmucha.cz

Miss Sophie's Geschmackvoll ausgestattetes kleines Hotel in einer ruhigen Seitenstraße. Die Zimmer sind überschaubar, doch sehr gepflegt und mit Liebe zum Detail dekoriert. ◼ Melounová 3, Tel. 246 032 620, www.miss-sophies.com

 Mosaic House Ein erfrischend originell designtes Hotel mit einem jungen, unkomplizierten, aufmerksamen Team. Hier nächtigt man in schlichten Mehrbettunterkünften, in modernen, mit viel Stil eingerichteten Zimmern oder in Appartements mit eigener Küche. Und die Dachterrasse ist einfach der Hit. ◼ Odborů 4, Tel. 277 016 880, www.mosaichouse.com

Wenceslas Square Hotel Schönes kleines Dreisternehotel mit standardgemäßen Zimmern. Im obersten Stock befindet sich ein Designer-Luxus-Doppelzimmer mit freistehender Wanne. Die Dachterrasse eröffnet den Blick auf die Kuppel des Nationalmuseums. ◼ Mezibranská 13, Tel. 730 896 596, www.wenceslassquare.cz

€€€

Art Deco Imperial Elegantes Jugendstilhotel mit einer atemberaubenden Ausschmückung. Keramikfliesen, Deckenmosaike, reich verzierte Buntglasfenster in Lobby, Bar und Restaurant sowie Fußbodenheizung, Marmorbäder in den Zimmern und ein Wellness-Bereich machen dieses Hotel zu einem der außergewöhnlichsten der Stadt. ◼ Na Poříčí 15, Tel. 246 011 600, www.hotel-imperial.cz

Hotel Ambassador Zlatá Husa Das führende Hotel am Wenzelsplatz. Das Jugendstil-Haus bietet den Service und Luxus-Standard, den man von einem Fünfsterne-Etablissement erwartet. Höhepunkte sind die ausgezeichneten Restaurants mit böhmischen und französischen Spezialitäten. ◼ Václavské náměstí 5, Tel. 224 193 111, www.ambassador.cz

Žižkov und Vinohrady – Szene- neben Wohnviertel

Der lebhafte Ausgeh-Kiez östlich des Zentrums grenzt direkt an das eleganteste Viertel der Stadt

In diesem Kapitel:

Vor hundert Jahren drängten sich in Žižkov noch Arbeiterfamilien in engen Mietswohnungen, trafen sich Kommunisten zu Parteiversammlungen und Männer zum Feierabendbier in der Kaschemme. Die vielen Kneipen und Nonstop-Bars sind noch heute typisch für das Viertel. Von überall her gut zu sehen ist das Wahrzeichen von Žižkov, der futuristisch anmutende Fernsehturm. In seinem Schatten tummeln sich die Nachtschwärmer.

Etwas ruhiger ist der Nachbarbezirk Vinohrady: Hier wohnen besser verdienende Prager und Expats. In den oft schachbrettartig angelegten Häuserzeilen stehen zahlreiche schöne Bauten aus der Gründerzeit. Damals hieß das Viertel noch Královské Vinohrady (Königliche Weinberge) mit dem Status einer Königsstadt. Der Name stammt vom ehemals kaiserlichen Weinanbaugebiet am Südhang des Hügels, über den sich das Viertel Vinohrady erstreckt.

ADAC Top Tipps

 Fernsehturm
| Aussichtsturm |
Der spektakuläre Bau spaltet die Prager: Die einen finden ihn hässlich, die anderen haben sich damit abgefunden. Dennoch einen Besuch wert. 89

ADAC Empfehlungen

 Veitsberg
| Mahnmal |
Hügel mit Nationaler Gedenkstätte und einer prächtigen Aussicht. 88

 Hospoda U Vystřeleného oka
| Restaurant |
Kult-Kneipe, in der zum tollen Gulasch ordentlich getrunken wird. 89

16 Wolschaner Friedhöfe
| Friedhof |
Zwölf Einzelfriedhöfe, darunter der
Neue Jüdische Friedhof mit dem Grab
Franz Kafkas, bilden den größten Got-
tesacker der Stadt. 91

17 Krymská
| Straße |
»Himmel der Hipster« und Hotspot
des Kulturmilieus. 91

18 Havlíček-Gärten
| Park |
Grünanlage mit eigenem Weinberg
und stimmungsvoll in einem Altan
gelegenem Weinrestaurant. 92

Gedenkstätte mit Jan-Žižka-Denkmal auf dem Veitsberg hoch über Prag

33 Veitsberg
Vítkov

 Nationale Gedenkstätte mit imposanter Reiterstatue

■ Tram 5, 9, 26, 95, 98 (Husinecká); Bus 133, 207 (U Památníku)

Majestätisch thront die Reiterstatue Jan Žižkas über Prag. Hinter dem Hussitenführer erhebt sich die Nationale Gedenkstätte als mächtiger Granitblock. Der westliche Teil des Veitsbergs gehört damit zu den auffälligsten Erhebungen der Stadtsilhouette. Das Ensemble mit Grab des Unbekannten Soldaten entstand in den 1920/30er-Jahren zu Ehren der tschechoslowaki-

schen Legionäre, die im Ersten Weltkrieg aufseiten der Alliierten kämpften. 1420 schlug Žižka hier das kaiserliche Heer Sigismunds und bewahrte Prag vor einer Invasion. Der Vítkov ist zentraler Erinnerungsort tschechischer Eigenständigkeit, Platz für Staatsakte und militärische Zeremonien. Das Gebäude beherbergt ein kleines historisches Museum samt ehem. Mausoleum und ein Café mit Terrasse. Dahinter erstreckt sich ein schöner Park.

◉ Sehenswert

Jan-Žižka-Denkmal
| Monument |
Die 9 m hohe, über 16 t schwere Plastik gilt als größtes bronzenes Reiterstandbild der Welt. Gestaltet wurde der einäugige, grimmig dreinblickende, mit Morgenstern bewaffnete Jan Žižka von Bohumil Kafka, der rund zehn Jahre für den Entwurf benötigte. Die Einweihung 1950 erlebte er nicht mehr: Er verstarb bereits 1941 während der deutschen Besatzung.

34 Žižkov

Der lebendigste Kneipen-Kiez, das »Berlin von Prag«

■ Metro A (Jiřího z Poděbrad), Tram 5, 9, 26, 95, 98 (Husinecká); Bus 133, 207 (U Památníku oder Tachovské náměstí)

In keinem anderen Stadtteil reihen sich so viele Wirtshäuser (»hospody«) aneinander wie in Žižkov. Eine trinkfreudige Bevölkerung prägte das Viertel von jeher. Doch wo früher Arbeiter ihren harten Tag in der Fabrik beim Bier vergessen wollten, prostet sich heute eine junge, hippe Generation von Einheimischen und Expats zu. Am Samstagabend gleichen die Straßenzüge einem modernen Babylon, man hört mehr Englisch als Tschechisch. Angesagte Clubs, Bars mit Flohmarkt-Möbeln und Konzept-Cafés prägen heute das Bild (S. 94). Eine Institution war und ist der Fußballclub FK Viktoria Žižkov. Seine Heimspiele (So 10.15 Uhr) erinnern an die Zeit, als das Viertel noch den Arbeitern gehörte.

ADAC *Spartipp*

Nicht nur Kreuzberger, auch Žižkover Nächte sind oft lang. Da kann es nicht schaden, den Kreislauf anzuregen. Wer das Geld fürs Fitness-Studio sparen möchte, kann sich im kleinen, zentrumsnahen **Park Rajská zahrada** verausgaben. Hier gibt es für Groß und Klein verschiedene Geräte – und alles umsonst.
U Rajské zahrady 1, April–Okt. tgl. 8–20 Uhr

 Restaurants

(15) **€ | Hospoda U Vystřeleného oka**
Legendär und etwas verschroben, ist das »Ausgeschossene Auge« eher Kneipe als Restaurant. Das Gulasch aber ist unschlagbar, die fröhlichderbe Stimmung auch. ▪ U Božích bojovníků 3, Tel. 222 540 465, www.uvoka.cz, Mo–Sa 16.30–1 Uhr

€€ | U Sadu Bier-Restaurant mit urigem Ambiente und origineller Einrichtung – man wähnt sich zu Gast bei einem unordentlichen Antiquitätenhändler. ▪ Škroupovo náměstí 5, Tel. 222 727 072, www.usadu.cz, So–Mi 8–2, Do–Sa 8–4 Uhr

35 Fernsehturm

 Spätsozialistisches Monument mit skurriler Kunst am Bau

▪ Metro A, Tram 11 (Jiřího z Poděbrad)
▪ Mahlerovy sady 1, Tel. 210 320 081, www.towerpark.cz, tgl. 9–24 Uhr, Aussichtsplattform: 230 CZK, erm. 160 CZK

Der 1985–1992 errichtete Fernsehturm ist mit 216 m das höchste Bauwerk des Landes – und das zweithässlichste der Welt. So zumindest wirbt der private Betreiber mit dem futuristischen Turm. Man hasst oder liebt den grauen Koloss. Die meisten eingesessenen Prager entschieden sich für Ersteres. Inzwischen hat man sich daran gewöhnt, die Silhouette gehört einfach dazu. Seit 2000 krabbeln Metallbabys von David Černý (S. 57) die runden Stelen entlang. Das ehemals muffige Restaurant

Fernsehturm von Žižkov – Erbe des kommunistischen Regimes

Der Platz Jiřího z Poděbrad mit Fernsehturm und Herz-Jesu-Kirche

im 1980er-Look wich einem modernen Designerlokal mit Haute Cuisine und Cocktail-Bar der obersten Klasse. Die Besucherplattform (93 m) bietet einen herrlichen Blick über die Stadt.

P Parken

Neben und unter dem Fernsehturm kann man sein Auto auf einem offenen oder überdachten Parkplatz (beide bewacht) auch über Nacht abstellen. ■ Mahlerovy sady 1, Tel. 725 873 066, 40 bzw. 50 CZK/Std.

36 Platz des Georg von Podiebrad
Náměstí Jiřího z Poděbrad

Großzügig angelegter Platz mit außergewöhnlichem Kirchenbau

■ Metro A, Tram 11 (Jiřího z Poděbrad)

Benannt wurde der Platz nach dem einzigen hussitischen König Böhmens. Dieser wehrte sich im 15. Jh. mehrmals erfolgreich gegen seine katholischen Widersacher aus dem In- und Ausland. Inmitten des rechteckig angelegten Areals steht die moderne »Kirche des heiligsten Herzens des Herrn«. Drum herum etablierten sich vermehrt neue, trendige Cafés (siehe rechts) und ein Bauernmarkt, der frische Waren aus der Region anbietet (Mi–Sa).

Sehenswert

Herz-Jesu-Kirche
| Kirche |

Den bedeutendsten tschechischen Sakralbau des 20. Jh. (1928–1932, Kostel Nejsvětějšího srdce Páně) konzipierte der slowenische Architekt Josip Plečnik. Der Vertreter der Moderne verband altchristliche und antike mit funktionalistischen Elementen. Auffällig ist der Glockenturm mit seiner riesigen Uhr.

■ Náměstí Jiřího z Poděbrad 19, www. srdcepane.cz, tgl. 9–17 Uhr (nur Eingangsbereich)

Rieger-Park
| Grünanlage |

Der Riegrovy sady liegt an einem Hang an der Grenze zwischen Vinohrady und Žižkov in Richtung Hauptbahnhof. Der atemberaubende Ausblick von der Stirnseite auf die Innenstadt zieht im Sommer ganze Scharen an, die sich mit Picknick-Korb und Wein auf der Wiese versammeln. Dazu kommen Biergärten und Sportanlagen, die den Park zu einem der beliebtesten der Stadt machen – auch bei Expats und Touristen.

 Parken

Rund 500 m und eine Metrostation entfernt befindet sich im **Einkaufszentrum Atrium Flora** ein Parkhaus. Die erste Stunde ist gratis (nachts die ersten drei Stunden). ■ Vinohradská 151, Tel. 255 741 700, 50 CZK/Std.

 Cafés

Kavárna Plecnik Stilvoll eingerichtetes Lokal mit guten Snacks, aufmerksamer Bedienung und (noch) niedrigen Preisen. ■ Náměstí Jiřího z Poděbrad 10, Tel. 776 660 200, Mo–Sa 9–22, So 12–22 Uhr

37 Wolschaner Friedhöfe
Olšanské hřbitovy

 Größter Friedhof Prags mit vielen schönen Grabstätten

■ Metro A, Tram 5, 10, 11, 16 (Flora und Želivského)
■ Vinohradská 153

Im größten Friedhof der Stadt sollen auf über 50 Hektar die Überreste von über zwei Mio. Menschen bestattet sein. Zur gesamten Anlage gehören auch ein Abschnitt für Muslime sowie der Neue Jüdische Friedhof (samstags geschlossen). Vor allem Letzteren besucht manch Literaturfreund, denn er beherbergt das Grab Franz Kafkas. Auch im christlichen Teil fanden berühmte Tschechen ihre letzte Ruhestätte: der Philosoph Bernard Bolzano, der kommunistische Machthaber Klement Gottwald, der Student Jan Palach (S. 68) oder der beliebte Märchenfilmschauspieler Vladimír Menšík.

38 Krymská

 Hippe Ausgehstraße mit Cafés, Bars und Straßenfestivals

■ Tram 22, 97, Bus 135 (Krymská)

Direkt an der Grenze der Viertel Vinohrady und Vršovice liegt die kleine, steil abfallende Krymská-Straße. 2015 erhielt sie so etwas wie den publizistischen Ritterschlag, als die »New York Times« sie in einer viel beachteten Reportage in ihre Liste der zwölf angesagtesten Straßen Europas aufnahm. Auf rund 300 m reihen sich vegane Restaurants, Beer-Geek-Bars und kleine Galerien aneinander. Das Publikum ist meist jung, trägt Hornbrille und Parka und nippt laktosefreien Latte macchiato. Viele der neuen Institutionen nehmen für sich in Anspruch, authentisch alternativ und originell zu sein sowie eine Nischenkundschaft zu bedienen. Manchen Orten nimmt man das gerne ab (siehe »Am Abend«, S. 94), anderen weniger.

Restaurants

€€ | **Plevel** Szeniges Lokal mit rein veganem Angebot. Internationale Gerichte mit meist saisonalen Produkten. ■ Krymská 2, Tel. 273 160 041, www.restauraceplevel.cz

 Cafés

Kavárna Šlágr Konditorei-Café im Stil der 1920er-/30er-Jahre mit fantastischen Torten. ■ Francouzská 72, Tel. 607 277 688, www.kavarnaslagr.cz

 Einkaufen

Galerie Xaoxax Kleiner Buchladen mit Galerien. Vor allem Comic-Fans kommen hier auf ihre Kosten. ■ Krymská 2, www.xaoxax.cz

39 Havlíček–Gärten
Havlíčkovy sady

(18) *Der romantische Park wird auch die »Prager Toskana« genannt*

■ Havlíčkovy sady, tgl. 6–24 Uhr
■ Tram 22, 97, Bus 135 (Krymská)

Der Park am Südhang Vinohradys ist eines der beliebtesten Naherholungsgebiete der Prager. Touristen verirren sich eher selten her. Dabei zählen die nach dem Dichter Karel Havlíček Borovský genannten Gärten zu den schönsten Grünanlagen. Die Prager nennen sie »Grébovka«, nach dem vermögenden Industriellen Moritz Gröbe, in den 1870er-Jahren Bauherr und Gestalter von Park und dazugehöriger Villa. Dank imposanter künstlicher Grotte, Neptun-Brunnen, vielen Wasserflächen und einem kleinen Weinberg weht ein Hauch

Toskana durch den vor Kurzem runderneuerten Park. Der Weinberg, betrieben vom zweiten Prager Stadtteil, bringt einen Ertrag von bis zu 7000 l pro Jahr.

 Restaurants

€€ | **Viniční altán** Weinstube, in der man gut essen kann. Wunderschön gelegen in einem Altan. Der Rebensaft kommt aus eigenem Anbau. ■ Havlíčkovy sady 1369, Tel. 222 516 887, www.vinicni-altan.cz

40 Platz des Friedens
Náměstí Míru

Anmutiges Herzstück Vinohradys mit Straßenzügen à la Paris

■ Metro A, Tram 4, 10, 16, 22, 91, 97 (Náměstí Míru)

Den Platz am oberen Ende der Jugoslávská dominiert die Kirche der hl. Ludmilla, durch die markanten Doppeltürme und Lage auf dem Hügel weithin sichtbar. Beeindruckende Gebäude wie das Theater in den Weinbergen und typische Bürgerhäuser des ausgehenden 19. Jh. verleihen ihm und seiner Umgebung den Charme großstädtisch-bürgerlicher Noblesse. In den Häuserzeilen und -blocks südlich und östlich des Platzes (Belgická, Londýnská, Lužická) fühlt man sich an Paris erinnert. Schicke Cafés vervollständigen den Eindruck.

 Sehenswert

St. Ludmilla
| Kirche |
Die Kostel sv. Ludmily mit ihren 60 m hohen Türmen wurde 1888–1892 nach

»Vinični altan« – Restaurant am Weinberg in den Havlíček-Gärten

Plänen von Josef Mocker errichtet. Plastiken von Josef Myslbek über dem Eingangsportal zeigen den hl. Wenzel und die Namensgeberin. Ein Blickfang ist die riesige Fensterrose.

■ Náměstí Míru 2, www.ludmilavinohrady.cz

Theater in den Weinbergen

| Theater |

Das Theater (Divadlo na Vinohradech) erhebt sich imposant an der Nordseite des Náměstí Míru. Der Jugendstil-Bau wurde 1907 in der damals eigenständigen Gemeinde Královské Vinohrady (S.86) eröffnet. Heute ist es u.a. Aufführungsort des Prager Theaterfestivals deutscher Sprache (siehe rechts).

■ Náměstí Míru 7, 224 257 601, www. divadlonavinohradech.com

Cafés

Bistro Zahrada Café mit integriertem Bio-Laden.»Zahrada« (Garten) verweist auf den idyllisch-lauschigen Innenhof.

■ Belgická 33, Tel. 734 266 315, www.bistro-zahrada.cz, Mo–Fr 8.30–21, Sa 10–18 Uhr

Einkaufen

Gram Records Kleiner Vinyl-Plattenladen mit breitem Spektrum, der auch die nötige Technik liefert. ■ Lužická 31, Tel. 603 775 565, www.gramrecords.cz, Mo–Fr 13–19 Uhr

ADAC *Mittendrin*

Eintauchen ins Kulturleben, ehrwürdige Theater besuchen – und alles verstehen? Beim Prager **Theaterfestival deutscher Sprache** (S. 126) ist das möglich im Theater in den Weinbergen. Anspruchsvolle Produktionen aus dem deutschsprachigen Raum sind, tschechisch übertitelt, auch beim theaterbegeisterten Prager Publikum beliebt. Karten (möglichst früh!): *www.theater.cz/de*

Am Abend

Das Gebiet rund um den Fernsehturm gehört zu den beliebtesten Ausgehvierteln Prags. Clubs, Konzept-Bars und trendige Cafés locken ein junges, internationales Publikum an. Aber auch ein paar alte Kult-Kneipen und Bars gehören zum Straßenbild. Der alternative und in manchen Ecken etwas schmuddelige Charakter verleiht dem Viertel speziellen Charme. In Vinohrady wird es mit jedem Häuserblock nobler. Teure Restaurants, schicke Wein-Bars und renommierte Theaterhäuser verweisen auf eine zahlungskräftigere Klientel. An den südlichen Rand Vinohradys grenzt die Krymská-Straße, in der sich die Hipster zu Kneipentouren verabreden.

 Konzerte

Palác Akropolis Der alternative Musik-club mit internationalen Bands (Folk, Independent, Rock) wird zu später Stunde zum Techno-Party-Schuppen. ■ Kubelíkova 27, Tel. 296 330 911, www.palacakropolis.cz, tgl. 11–5 Uhr, Tram 9, 26, 95, 98 (Lipanská)

 Kneipen, Bars und Clubs

Boudoir Queer-Bar mit leckeren kleinen Gerichten. ■ Francouzská 50, www.boudoir.cz, Mo–Sa 17–1, So 17–24 Uhr, Tram 22, 97, 99 (Jana Masaryka)

Bukowski's Mit Liebe zum Detail eingerichtete Bar, Hotspot der Prager Expats-Gemeinde. Am Wochenende sehr gut besucht. ■ Bořivojova 86, Tel. 773 445 280, tgl. 19–3 Uhr, Tram 9, 26, 95, 98 (Husinecká)

Bullerbyn Stilvolle, moderne Bar. Hier trifft sich die modebewusste, etwas gesetztere Klientel. ■ Chodská 17, Tel. 723 970 761, tgl. 11–24 Uhr, Tram 10, 16, 91 (Šumavská)

Café V lese Im ehem. Dissidenten-Buchladen etablierte sich der erste Alternativkultur-Betrieb des Viertels. Entspannte Atmosphäre in der Bar, während im Keller Partys und Konzerte kleinerer Bands stattfinden. ■ Krymská 12, Tel. 737 175 868 (14–20 Uhr), www.cafevlese.cz, tgl. Sept.–Mai 16–2, Juni–Aug. 18–2 Uhr, Tram 22, 97, 99 (Krymská)

Café Sladkovský Hübsch dekorierte Café-Bar mit leckeren Burgern und kleinen Snacks. Durchmischtes Publikum mit intellektuellem Einschlag. ■ Sevastopolská 17, Tel. 776 772 478, www.cafesladkovsky.cz, Mo–Fr ab 10, Sa ab 17, So ab 11 bis ca. 1 Uhr, Tram 22, 97, 99 (Krymská)

Malkovich Bar Weil der Wirt dem Schauspieler so stark ähnelt, benannte er seine schlicht und gemütlich eingerichtete Bar nach John Malkovich. Sehr gute Whisky-Karte. ■ Bořivojova 100, Tel. 721 311 021, tägl. ab 19 bis mind. 24 Uhr, Tram 9, 26, 95, 98 (Husinecká)

Oblaca Bar Bar im Fernsehturm (S. 89). Originelle Cocktails und gute Drinks in modern-edlem Ambiente. ■ Mahlerovy sady 1, Tel. 210 320 086, www.towerpark.cz, tgl. 10–24 Uhr, Metro A, Tram 11, 13 (Jiřího z Poděbrad)

Vlkova 26 Mischung aus Bar und Club. Hier tanzt junges Publikum zu Elektro-Klängen. ■ Vlkova 26, Di–Do 20–3, Fr, Sa 21–5 Uhr, Tram 9, 26, 95, 98 (Husinecká)

Übernachten

Žižkov, wo sich junge Touristen ins Nachtleben stürzen, verfügt über viele Mittel-klasse-Hotels und Niedrigpreis-Hostels. Kehrseite der Medaille: die hohe Betrieb-samkeit in den Straßen – teilweise rund um die Uhr. Das ist nicht jedermanns Sache. Will man lieber in gemächlicheren Ecken übernachten, so bietet Vinohra-dy dafür einige passende Hotels an.

€

Claris Hotel Schlichte Unterkunft ohne Schnick-Schnack mitten in Vinohrady mit toller Nahverkehrs-anbindung. ■ Slezská 26, Tel. 222 539 539, https://claris.hotel.cz

Hotel Seifert Solides Dreisterne-hotel mit komfortablen Zimmern und Blick auf den Vítkov-Hügel. Die Koněvova ist eine belebte Verkehrs-achse mit Betrieb bis tief in die Nacht. ■ Koněvova 8, Tel. 222 780 650, www.hotelseifert.cz

€€

Design Merrion Hotel Viersterne-haus mit einfach, aber schick gestalteten Zimmern, gutem Früh-stücksbüfett und für Žižkov ruhiger, etwas dezentraler Lage. ■ Jeseniova 49, Tel. 225 384 500, www. merrionhotel.cz

Hotel Ametyst Modernes, sehr kom-fortables Viersternehaus in Nähe der Havlíček-Gärten (S. 92). Ruhig und doch zentral. ■ Jana Masaryka 11, Tel. 222 921 921, www.hotelametyst.cz

Hotel Anna Schlichtes kleines Familienhotel mit guter Verkehrs-anbindung. Der zentrale Náměstí Míru (S. 92) liegt nur drei Minuten entfernt. ■ Budečská 17, Tel. 222 513 111, www.hotelanna.cz

Hotel Theatrino Am Ende der Bar-Meile Bořivojova mit Speisesaal in einem ehem. Jugendstil-Theater. Ideal für eine jüngere Klientel mit Komfort-Anspruch. ■ Bořivojova 53, Tel. 227 031 894, www.hoteltheatrino.cz

€€€

Louren Hotel Das Viersternehotel bie-tet geräumige Zimmer und aufmerk-samen Service. Gute Preise angesichts des gebotenen Komforts. ■ Slezská 55, Tel. 224 250 025, www.louren.cz

Mamaison Hotels & Residences Tolle Studios und Suiten in schöner, zen-trumsnaher Lage. ■ Belgická 12, Tel. 221 401 800, www.mamaisonbelgicka.com

Hier wurde früher Theater gespielt: Frühstückssaal des Hotel Theatrino

Holešovice und Letná – Von Fluss und Parks umsäumt

Der Norden Prags lockt mit tollen Museen, vielen schönen Cafés und herrlichen Parkanlagen

Der siebte Prager Verwaltungsbezirk innerhalb der großen innerstädtischen Moldauschleife ist vom Zentrum aus bequem zu Fuß erreichbar. Er umfasst u.a. den Stadtteil Holešovice und die Hochebene Letná. Wo einst Schornsteine von Industrieanlagen die Luft verpesteten, tummeln sich heute Kreative in Ateliers und auf Designer-Flohmärkten. In den schönen Parks Letná und Stromovka verbringen die Prager ihre Freizeit. Und in den Museen und Galerien finden Interessierte Werke bedeutender moderner und zeitgenössischer Künstler. Das Viertel durchlebt seit einigen Jahren einen Wandel. Die stolzen Gründerzeit-Häuser auf der Hochebene werden genauso renoviert wie die alten Arbeiter-Wohnkasernen im Osten. Die Folge sind steigende Mietpreise und die Zuwanderung einkommensstarker Schichten. Kein Wunder, dass ein Szene-Café nach dem anderen eröffnet. Das Viertel ist aber immer noch gut durchmischt und bildet einen so-

zialen Querschnitt des heutigen Prager Stadtlebens ab.

In diesem Kapitel:

ADAC Top Tipps

8 Messepalast
| Museum |

Der funktionalistische Hauptsitz der Nationalgalerie allein ist schon einen Besuch wert. Noch beeindruckender sind die darin ausgestellten Werke weltbekannter Künstler des 19. bis 21. Jahrhunderts. 100

9 Letná
| Park |

Den größten Teil der Letná-Ebene (Letenská pláň) macht der gleichnamige Park Letenské sady aus. In und entlang der Grünanlage begegnet man viel Geschichte und Kultur sowie dem schönsten Panoramablick auf die Stadt. 102

ADAC Empfehlungen

DOX – Zentrum für zeitgenössische Kunst
| Museum |
Renommiertestes Zentrum für aktuelles Kunstschaffen. 99

U Veverky
| Restaurant |
Uriges Lokal mit guter böhmischer Küche im Viertel Bubeneč. 105

Bar Stalin
| Bar |
Kultur-Sommer-Bar im Sockel des ehemaligen Stalin-Denkmals. 107

41 Prager Markt
Pražská tržnice

Großes Marktgelände mit vielseitigem, auch kulturellem Angebot

■ Metro C (Vltavská); Tram 1, 14, 25 (Pražská tržnice)
■ Bubenské nábřeží 13, Tel. 220 800 592, www.prazska-trznice.cz, Mo–Sa 8–20 Uhr

Das weitläufige Gelände des ehem. Zentralschlachthofs (bis 1983) wurde Ende 19. Jh. bebaut. Ein Dutzend denkmalgeschützter Neorenaissance-Pavillons beherbergen neben einem Obst-, Kleider-, Elektronik- und Asia-Markt Restaurants, Imbissbuden, Clubs und ein Theater. Hier kaufen Prager ihre Lebensmittel ein oder suchen an von vietnamesischen Einwanderern betriebenen Ständen nach gefälschter Markenkleidung und Schnäppchen. Seit Kurzem finden in Halle 13 auch Fashion-Märkte und -Shows von und mit lokalen Herstellern statt.

 Sehenswert

Vnitroblock
| Künstlerquartier |
Eine Häuserreihe vom Markt entfernt trifft sich die kreative Jugend im Vnitroblock, um Kunst aus- und herzustellen, sich auszutauschen, Polit-Diskussionen zu folgen oder im Café einen Espresso zu trinken. Das Kulturzentrum im ehem. Industriekomplex gehört zum Spannendsten, was die progressiv-urbane Szene Prags zu bieten hat.
■ Tusarova 31, Tel. 770 101 231, Mo–Sa 9–22, So 9–20 Uhr

Der Park Stromovka, eine der größten und beliebtesten Grünanlagen Prags

Parken

Im Nordteil des Marktgeländes befinden sich entlang der Jateční-Straße zwei große Parkplätze, wo man auch über Nacht parken kann. ◼ Erste Stunde gratis, dann 40 CZK/Std.

42 DOX – Zentrum für zeitgenössische Kunst
Centrum současného umění

 19 *Tschechiens renommiertestes Museum für Gegenwartskunst*

◼ Tram 6, 12, 94 (Ortenovo náměstí)
◼ Poupětova 1, Tel. 295 568 123, www.dox.cz, Sa–Mo 10–18, Mi, Fr 11–19, Do 11–21 Uhr, 180 CZK, erm. 90 CZK

Seit 2008 ergänzt das DOX die ohnehin schon reiche Kunstszene der Stadt mit dem Anspruch, unterschiedlichste Sparten unter einem Dach zu vereinigen. Den Löwenanteil des Programms machen Beiträge zeitgenössischer bildender Kunst aus. Aber auch multimediale Ausstellungen, Literatur- und Musikveranstaltungen sowie Workshops erhalten in dem großzügigen Gebäude regelmäßig ihren Platz. Innerhalb kürzester Zeit machte sich das DOX auch international einen Namen als dynamische Plattform progressiver Gegenwartskunst.

Parken

Kleiner bewachter Parkplatz in der Jankovcova, ca. 200 m westlich des DOX. ◼ Zwischen Cross Club (S. 106, Ecke Plynární/Argentinská) und Bahnhof Holešovice, 20 CZK/Std., 300 CZK/Tag

Kinder

Zentrum für zeitgenössische Kunst
Für kleine Besucher bietet das DOX spezielle Programme. Das »Gallery Game«, eine interaktive Führung, die ihnen die Ausstellungsinhalte spielerisch näherbringt, kann an der Kasse erworben werden. ◼ 50 CZK mit gültigem Ticket

43 Messegelände
Výstaviště Praha

Messe- und Freizeitgelände mit angrenzendem ehemals kaiserlichen Wildpark

◼ Výstaviště 67, Tram 6, 12, 17, 93, 94 (Výstaviště Holešovice)
◼ www.vystavistepraha.eu

Im Norden von Holešovice erstreckt sich auf rund 36 Hektar das weitläufige Messe- und Freizeitgelände Výstaviště Praha, das 1891 anlässlich der Prager Jubiläumsausstellung angelegt wurde. Im Mittelpunkt steht der imposante Industriepalast (Průmyslový palác). Die Architekten Bedřich Münzberger und František Prášil lebten ihre Kreativität auf rund 240 m Jugendstil-Pracht aus – mit einem Hauch Neobarock. Bei einem Großbrand 2008 wurde der linke Flügel vollständig zerstört. Das Areal dient Messen sowie verschiedenen Veranstaltungen aus den Bereichen Kultur und Sport. Ein großer Vergnügungspark gehört ebenso dazu wie die »Tipsport Arena«, in der die Eishockey-Spiele des HC Sparta Prag und Konzerte stattfinden.
Im Westen schließt sich der größte Park der Stadt an. Stromovka (Baumpark), das ehemalige Jagdgelände der Könige und Kaiser, gilt vielen Pragern als schönste Grünanlage, erst recht

Messepalast – lichtdurchfluteter Funktionalismus über sechs Etagen

nach der gelungenen Sanierung. Neue Teichanlagen, Wege und ein zusätzlicher Veranstaltungsort (Šlechtova, Neueröffnung 2019) machen es zu einem beliebten Ausflugsziel. Gleich zu Beginn des Parks beim Messegelände bietet das städtische Planetarium auch Programme auf Englisch an.

Parken

Vor der »Tipsport Arena« (Eingang Vrbenského-Straße) liegt ein videoüberwachter Parkplatz. ■ 40 CZK/Std., 240 CZK/Tag

44 Messepalast
Veletržní palác

8 Alter Messepalast mit Sammlung moderner Kunst

■ Tram 6, 17, 93, 94 (Veletržní palác)

■ Dukelských hrdinů 47, Tel. 224 301 122, www.ngprague.cz, Di–So 10–18 Uhr, 250 CZK, erm. 150 CZK

Egal ob man die nüchterne Formsprache des Funktionalismus mag oder nicht: Der Messepalast in Holešovice lässt keinen gleichgültig. Im Innern machen die offenen, sich über sechs Etagen erstreckenden Galerien und das Glasdach einen Besuch dieses Kunsttempels zu einem wahrhaft sinnlichen Erlebnis. Schlichte Eleganz und Leichtigkeit dominieren dank durchgehender Fensterfronten auch die Fassade des Baus, der angeblich den Stararchitekten Le Corbusier in Staunen versetzte. 1974 brannte das Gebäude nieder. Nach dem Wiederaufbau übernahm die Nationalgalerie den Palast. Auf über 20 000 m² Fläche sind im Museum für moderne und zeitgenössische Kunst Werke vom späten 19. Jh. bis in die Gegenwart zu sehen, darunter Gemälde weltberühmter Künstler wie Pablo Picasso, Marc Chagall, Oskar Kokoschka oder Gustav Klimt. Hier logiert auch das Theater Studio Hrdinů (S. 106). Kunstfreunde sollten sich im Voraus gut informieren, was sie anschauen wollen, oder besser gleich zwei Tage für den Besuch der imposanten Sammlung einplanen.

Cafés

Café Jedna Links des Eingangs zum alten Messepalast erstreckt sich das großzügige Hauscafé des Museums. Die architektonische Leichtigkeit setzt sich hier nicht nur räumlich, sondern auch gastronomisch fort. Dafür sorgen die vielen leckeren, frischen und gesunden Snacks. ■ Tel. 778 440 877, www. cafejedna.cz, tgl. 9.30–22 Uhr

45 Strossmayerplatz
Strossmayerovo náměstí

Das lebhafte Zentrum eines Viertels
im Aufbruch

■ Metro C (Vltavská); Tram 1, 8, 12 17, 26,
91, 93 (Strossmayerovo náměstí)

Architektonisch gehört der Strossmayerplatz nicht zu den herausragenden
Plätzen der Stadt, obwohl ihn einige
stattliche Bürgerhäuser säumen, wie
das Jugendstil-Eckhaus an der Ab-
zweigung zur Janovského-Straße. Die
neugotische Kirche des hl. Antonius
von Padua (Kostel sv. Antonína z Pa-
dovy) von 1911 dominiert das umlie-
gende Viertel mit ihren beiden über
60 m hohen Türmen. Die eindrück-
lichsten Bauwerke stehen an der West-
seite der am Platz anschließenden

Verkehrsachse Dukelských hrdinů.
Hier kann man einige der schönsten
Neorenaissance-Gebäude Prags mit
prächtigen Sgraffiti bewundern. In
der Straße Františka Křížka steht ein
funktionalistischer Gebäudekomplex,
in dem das Programmkino Bio Oko
logiert (siehe »Das besondere Kino«,
S.106). Seit einigen Jahren machen
zahlreiche neue Kleinkunst-Galerien,
Cafés und Bars die Gegend rund um
den »Štrosmajrák« zu einem Treffpunkt
trendbewusster Stadtbewohner.

 Cafés

Kavárna Liberál Vertreter der neuen,
trendigen Caféhaus-Szene, allerdings
sozial gut durchmischt und authentisch. Günstige Speisen, guter Kaffee.
■ Heřmanova 6, Tel. 732 355 445, Mo–Fr
8–24, Sa, So 10–24 Uhr

Der Strossmayerplatz mit Kirche St. Antonius – Zentrum in Holešovice

46 Letná
Geschichte und Kultur mit schönstem Panoramablick

Fluchtpunkt im Letná-Park: Prager Metronom als Symbol des Wandels

ℹ Information

■ Metro A (Hradčanská); Tram 1, 12, 25, 26 (Letenské náměstí)

■ Parken: siehe S. 105

 Freizeitpark mit gutem Museums- und Gastro-Angebot

Hoch über der Moldau und nur einige hundert Meter nördlich der Prager Burg erstreckt sich Letná – Stadtviertel und Name einer Hochebene (Letenská pláň). Im nördlichen Bereich, der an den Stromovka-Park und das Viertel Bubeneč grenzt, säumen schick reno-vierte Häuser der Wende vom 19. zum 20. Jh. die begrünten Straßenzüge mit zahlreichen Restaurants und Cafés. In Richtung Süden trifft man bald auf ei-ne riesige Freifläche, auf der zu sozialis-tischen Zeiten häufig Massenaufmär-sche stattfanden. Dahinter, in Richtung Innenstadt, folgt der Letná-Park (Le-tenské sady). Ein Spaziergang durch die weitläufige Anlage gehört zu den Höhepunkten eines Prag-Besuchs. Mit ihrer Mischung aus begehbarer Zeit-geschichte, kulturellen Angeboten und lebendigem Treiben in einer der schönsten Grünanlagen der Stadt übt sie einen ganz besonderen Reiz aus.

Plan
S. 104

ⓑ Nationales Technikmuseum
| Museum |

Das Nationale Technikmuseum (Národní technické muzeum) gehört zu den beliebtesten Museen des Landes. Groß und Klein können sich in dem mächtigen Gebäude der 1930er an Exponaten aus der Welt der Mobilität erfreuen. Alte Rolls-Royce und Škodas aus der Pionierzeit der Autoindustrie reihen sich an Spitfire-Flugzeuge aus dem Zweiten Weltkrieg und Dampflokomotiven des 19. Jh. Auch Wechselausstellungen (moderne Kommunikation, Geschichte, Fotografie) finden Platz im Programm des Hauses. In der 2. Etage des Technikmuseums können kleine Besucher im Spieleraum »Herna Merkur« ihre Talente im Bereich Architektur und Ingenieurwesen testen.
Im Nachbargebäude ist das Nationale Landwirtschaftsmuseum (Národní zemědělské muzeum) untergebracht.

■ Kostelní 42, www.ntm.cz,
Di–Fr 9–17.30, Sa, So 10–18 Uhr,
190 CZK, erm. 90 CZK

◐ Sehenswert

ⓐ Pavillon der Expo 58
| Architektur |

1958 begeisterte der tschechoslowakische Pavillon der Weltausstellung in Brüssel Publikum und Experten. Fast durchgehend verglast, gewann er damals den Hauptpreis. Danach wurde der extravagante Bau nach Prag gebracht, wo er im Letná-Park ein dauerhaftes Zuhause fand. Zwischenzeitlich als Restaurant genutzt, dient er inzwischen als Bürogebäude und ist nicht mehr zugänglich.

■ Letenské sady 80

ⓒ Letná-Schlösschen
| Prachtbau |

Am oberen Ende der Kostelní-Straße steht das Letná-Schlösschen (Letenský zámeček). Trotz Verniedlichungsform: Das Neorenaissance-Gebäude von 1863 ist von stattlichem Umfang und wird daher häufig von Festgesellschaften gemietet. Der italienische Einfluss des Baus zieht sich auch im Menü des hauseigenen Restaurants »Brasserie Ullmann« in Form gehobener mediterraner Küche fort. Im davorgelegenen Biergarten darf man selbst Mitge-

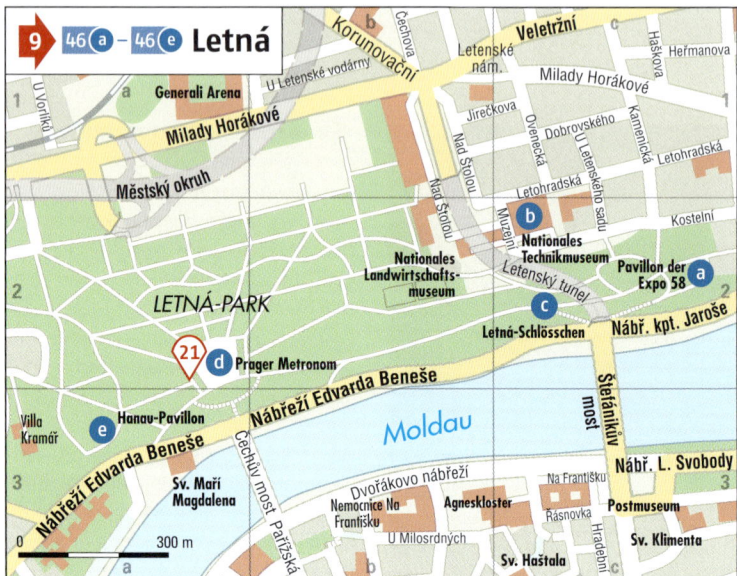

brachtes und Bier im Offenausschank vom nahen Kiosk konsumieren. Gerahmt vom Grün der Bäume, erscheint das Stadtpanorama vor allem bei Nacht wie eine fantastische, beinahe surreale Theaterkulisse – ein traumhafter Blick auf die Goldene Stadt!

■ Letenské sady 341, 233 378 208, www.letenskyzamecek.cz

Prager Metronom
| Kunstwerk |

Zentraler Fluchtpunkt des Letná-Parks ist die Aussichtsplattform über der Brücke »Čechův most«. Wo früher ein Stalin-Denkmal stand (siehe »Wussten Sie schon?«, rechts), bewegt sich heute ein riesiges Metronom als Symbol des Wandels. Darunter üben junge Skateboarder ihre Tricks auf den Stein- und Marmorplatten. Der monumentale Treppenaufgang und der Denkmalsockel befinden sich in direkter Linie mit der Pariser Straße auf der gegenüberliegenden Moldau-Seite. So kann man von der Pariser Straße aus bis zur Spitze des Letná-Hügels schauen. Viele professionelle Fotografen stellen hier ihr Stativ auf – der Anblick eröffnet das klassische Postkartenmotiv. In den Sommermonaten beherbergt

ADAC *Wussten Sie schon?*

Wo sich heute das Metronom befindet, stand 1955–1962 die größte **Stalin-Statue** außerhalb der Sowjetunion, samt Plastik, Sockel, Plattform und Treppe zur Verherrlichung des Diktators. Bildhauer Otakar Švec litt derart unter der zweifelhaften Ehre dieses Auftrags sowie Hass- und Drohbriefen, dass er noch vor Einweihung Selbstmord beging. Die gigantische Statue (fast 16 m) wurde im Zuge der Entstalinisierung gesprengt.

der Ort seit einigen Jahren eine abends gut besuchte Bar (S.107).

 Hanau-Pavillon
| Architektur |

Der Hanau-Pavillon (Hanavský pavilon), anlässlich der Jubiläumsausstellung 1891 errichtet, wurde sieben Jahre später an diese prominente Stelle verfrachtet. Seither setzt der Jugendstil-Bau mit seinen barockisierenden Elementen den architektonischen Endpunkt des Parks. Einige Treppenstufen darunter deklariert ein Schild die fantastische Aussicht sogar als Nationales Kulturgut. Der Pavillon beherbergt heute ein Restaurant.

■ Letenské sady 143, Restaurant: http://hanavsky-pavilon.cz

Parken

Zwischen Technikmuseum und Park kann man Autos auf einem umzäunten, bewachten Platz abstellen. ■ B-Car Parking, Kostelní 44, Tel. 736 100 920, www.b-car.cz

Restaurants

€€ | **Peperoncino** Hervorragendes Lokal mit überwiegend mediterraner Küche. Im Sommer mit schöner Gartenterrasse im Innenhof. Gutes Preis-Leistungs-Verhältnis. Wer hier essen gehen will, sollte früh genug reservieren. ■ Letohradská 34, Tel. 233 312 438, www.restaurant-peperoncino.cz, Plan S. 104 c1

(20) €€ | **U Veverky** Uriges und traditionelles böhmisches Restaurant. Das vor allem von Einheimischen gut besuchte Lokal liegt bereits im Nachbarviertel Bubeneč – nur wenige Minuten Spazierweg vom Letná-Park entfernt in der Nähe der Metro-Station Hradčanská. ■ Eliášova 14, Prag 6, Tel. 223 000 223, www.uveverky.com, Plan S. 104 nordwestl. a1

Cafés

Cukrárna Alchymista Café mit exzellenter Torten- und Kuchenauswahl und einer hübschen kleinen Gartenterrasse. ■ Jana Zajíce 7, Tel. 732 938 046, www.alchymista.cz, Plan S. 104 a1

Letka Café-Bar eines Kleintheaters. Mit originellen Mittags-Snacks, netter Bedienung, gutem Cappuccino und Spezialbier im Offenausschank. ■ Letohradská 44, Tel. 777 444 035, www.cafeletka.cz, Plan S. 104 c1

Kinder

Spielplatz Im Zentrum des Parks steht ein mit modernen Kletterelementen ausgestatteter Spielplatz für Kinder aller Altersstufen.

Hanau-Pavillon im Jugendstil, Relikt der Jubiläumsausstellung 1891

Am Abend

In dem lange als schön, aber verschlafen geltenden Viertel Holešovice und dessen Teil Letná steigt mit Zuzug von Studenten, Künstlern und Jungunternehmern die Zahl der Cafés und Bars. Der Cross Club im Norden ist seit über 20 Jahren Kultur-Pionier des Viertels. An lauen Sommerabenden empfiehlt sich der Letná-Park mit Biergarten und Stalin-Bar als Ausgeh-Ziel.

 Bühne

Alfred ve dvoře Kleines Theater mit breitem, auch internationalem Programm aus Regietheater, Tanzperformances, experimentellen Stücken, Kindertheater und vielem mehr. Tschechisch-Kenntnisse sind nicht immer nötig. ■ Františka Křížka 36, Tel. 233 376 985, www.alfredvedvore.cz, Tram 8, 26, 91, 96 (Kamenická)

Studio Hrdinů Junge, prämierte Bühne für Drama und Performance im Messepalast. Neben tschechischen Stücken auch ausländische Gastspiele und nonverbale Aufführungen. ■ Veletržní palác, Dukelských hrdinů 47, Tel. 605 206 558, www.studiohrdinu.cz, Tram 6, 17, 93, 94 (Veletržní palác)

 Kneipen, Bars und Clubs

Bar Cobra Geräumige Bar mit großer Spirituosen-Auswahl. Minimalistisches Dekor mit unverputzten Wänden und hippes Publikum. ■ Milady Horákové 8, Tel. 778 470 515, www.barcobra.cz, Mo–Fr 8–2, Sa 10–2, So 10–24 Uhr, Tram 1, 17, 26, 93, 96 (Strossmayerovo náměstí)

Cross Club Konzept-Club mit spektakulärem Design. Zusammengeschweißte Maschinenelemente, die sich bewegen, verleihen dem Ort eine ganz eigene, seltsame Atmosphäre. Regelmäßige Konzerte, schöne Terrasse und gute Küche. Am Wochenende eher für junges Publikum geeignet. ■ Plynární 23, Tel. 736 535 010, www.crossclub.cz, So–Do 18–5, Fr, Sa

ADAC *Das besondere Kino*

Tschechien ist Kinoland, und die Prager lieben ihre Lichtspieltheater, wie das stilvolle und originelle Programmkino **Bio Oko** in Holešovice. Auf Kinosesseln, Liegestühlen oder Sandsäcken verteilt sich das Publikum im charmanten, in die Jahre gekommenen Projektionssaal. Filme sind oft englisch untertitelt. In der Bar gibt es gutes Bier und Snacks. *Františka Křížka 15, Tel. 608 330 088, www.biooko.net*

18–7 Uhr, Metro C, Tram 6, 94 (Nádraží Holešovice)

Elbow Room Sehr gemütliche kleine Bar mit tollen Cocktails und aufmerksamer Bedienung. ■ Veletržní 40, Mo–Sa 19–3, So 19–24 Uhr, Tram 8, 26, 91, 96 (Letenské náměstí)

Koštovna U Počtů Populäre Weinbar mit einer großen regionalen Auswahl. Zu den edlen Tropfen gibt es kalte und warme Snacks. ■ Milady Horákové 47, Tel. 222 965 980, www.kostovna.cz, Mo–Fr 13–1, Sa 17–1, So 17–23 Uhr, Tram 8, 26, 91, 96 (Kamenická)

 Bar Stalin Die Sommerbar unter dem Metronom (S. 104) im Letná-Park ist einer der absoluten Ausgeh-Hotspots der Stadt. Manchmal finden hier auch Konzerte statt. ■ Letenské sady, www.containall.cz/stalin, Mai–Sept. tgl. 12–1 Uhr, Tram 15, 17, 93 (Čechův most)

Übernachten

Holešovice und Letná bieten wenig Übernachtungsmöglichkeiten. Dabei verbinden hier einige Hotels schöne Zimmer mit angenehmem Service. Wer zentrumsnah nächtigen möchte, den schreckt die vermeintlich ungünstige Lage jenseits der Moldau. Dabei ist es von West-Holešovice nur ein Katzensprung in die Altstadt.

€

Leon Hotel Wer sparen will, ist hier richtig. Sehr günstige Angebote für kleine, spartanische Zimmer bei freundlichem Service. Etwas abseits gelegen, dafür gute Verkehrsanbindung mit Tram und naher U-Bahn. ■ Ortenovo náměstí 26, Tel. 220 941 351, www.leonhotel.eu

Sir Toby's Hostel Kleines Hostel in Holešovice mit einigen geschmackvoll eingerichteten Einzel- und Doppelzimmern. Ein Geheimtipp, wenn auch etwas dezentral. ■ Dělnická 24, Tel. 246 032 610, www.sirtobys.com

€€

Art Hotel Praha Moderne Standardeinrichtung mit einem kleinen Extra unspektakulärer Gegenwartskunst. Es überzeugen die schöne und ruhige Lage nahe beim Stromovka-Park und eine schicke Terrasse. ■ Nad Královskou oborou 53, Tel. 233 101 331, www.arthotel.cz

Belvedere Hotel Prague Viersterne-Etablissement mit sehr ordentlichen Zimmern und tollem Service. Toplage im Herzen des Viertels mit seinen vielen Cafés und Bars. Und der Letná-Park ist nur drei Minuten entfernt. ■ Milady Horákové 19, Tel. 220 106 111, www.hotelbelvedereprague.cz

Hotel Boutique Absolutum Die Zimmer sind tadellos, modern und elegant. Zum Haus gehört ein kleiner Wellness-Bereich mit Sauna. Abstriche macht man bei der nicht wirklich schönen Umgebung. ■ Jablonského 4, Tel. 222 541 406, www.absolutumhotel.cz

Park Hotel Praha Großes Viersternehaus in einem ehemaligen sozialistischen Prestige-Bau. Die wenig originellen Zimmer sind ordentlicher Standard. ■ Veletržní 20, Tel. 225 117 111, www.parkhotel-praha.cz

Abseits der Innenstadt und rund um Prag

Die Goldene Stadt glänzt auch außerhalb des Zentrums mit interessanten Ausflugszielen

Abseits des Stadtzentrums findet man ehemalige Adelssitze, historische Klosteranlagen und tolle Parks. Einen Besuch der alten Fürstenburg Vyšehrad auf einem Felsvorsprung oberhalb der Moldau sollte man bei einem Prag-Besuch unbedingt mit einplanen. Aber auch weiter entfernt liegende Sehenswürdigkeiten kann man mit dem öffentlichen Nahverkehr problemlos erreichen. Als Land der Burgen und Schlösser dürfte Böhmen nicht nur für Geschichtsinteressierte reizvoll sein.

In diesem Kapitel:

ADAC Top Tipps

 Vyšehrad
| Burg |
Zum alten Königssitz mit natio-
nalem Ehrenfriedhof aus dem
19. Jh. gehört auch eine mystisch-
schöne Parkanlage. 112

ADAC Empfehlungen

 Schloss Troja
| Schloss |
Barocke Sommerresidenz mit
Kunstgalerie und französischem
Garten. Daneben liegt ein sehens-
werter Zoo. 110

 Divoká Šárka
| Naherholungsgebiet |
Baden und Spazierengehen inmitten
von Felsformationen. 111

 Burg Karlstein
| Burg |
Die mittelalterliche Burg und viel-
besuchte Touristenattraktion diente
einst als Schatzkammer für die
Reichskleinodien. 114

 Hotel International Prague
| Hotel |
Prunkvolles Hotel mit dem skurrilen
Charme seiner Entstehungszeit im
Sozialistischen Realismus. 120

Spazierweg im Naturreservat der »Wilden Šárka« (Divoká Šárka)

47 Schloss Troja
Zámek Troja

22 *Barockschloss mit Kunstgalerie in direkter Nachbarschaft zum Zoo*

■ Tram 17 (Trojská); Bus 112 (Zoologická zahrada)
■ U Trojského zámku 4, Tel. 283 851 614, www.ghmp.cz/zamek-troja, tgl. außer Mo 10–18, Fr 13–18 Uhr, Garten bis 19 Uhr, 120 CZK, erm. 60 CZK

Ende 17. Jh. gab Graf Wenzel Adalbert von Sternberg eine Sommerresidenz im italienischen Barock samt französischem Park in Auftrag. Ihr Name bezieht sich auf die Figurengruppe an der mächtigen Freitreppe – Kampf der griechischen Götter gegen die Titanen. Später übernahm man die Bezeichnung für das ganze Viertel. Eine Zweigstelle der Hauptstadtgalerie zeigt im Schloss Wechselausstellungen vom Barock bis zur Moderne. Den Kaisersaal zieren prächtige Wandmalereien und eine Habsburger Ahnengalerie.

ADAC *Mobil*

Höhenmeter überbrücken und dabei eine tolle Aussicht genießen kann man im Prager Zoo. Eine **Sesselbahn** kürzt die oft steilen Wege ab – ein Hauch von Wanderausflug in toller Lage direkt an der Moldau.

 Sehenswert

Zoo Praha
| Tierpark |
Der 1931 eröffnete und über 58 Hektar große Zoo neben dem Schloss wird regelmäßig in der Liste der besten Tier-

gärten der Welt aufgeführt. Insgesamt fast 700 Arten sind hier zuhause.

■ U Trojského zámku 3, www.zoopraha.cz, tgl. Nov.–Feb. 9–16, März 9–17, April, Mai, Sept., Okt. 9–18, Juni–Aug. 9–21 Uhr, 200 CZK, erm. 150 CZK

Botanická zahrada Praha
| Botanischer Garten |
Nördlich des Schlosses erstreckt sich über den Südhang des Weinbergs und die Ebene darüber der Botanische Garten – 50 Hektar mit exotischer Flora. Dazu gehören ein japanischer Garten, Tropenhaus sowie ein kleines Weingut mit Weinlokal.

■ Trojská 196, www.botanicka.cz, tgl. 9–18 Uhr, 85 CZK, erm. 45 CZK (Nov.–März frei), Tropenhaus: Di–Sa, 150 CZK, erm. 75 CZK

48 Divoká Šárka
Wilde Šárka

 Naherholungsgebiet mit vielen Spazier- und Wanderwegen

■ Tram 20, 26, Bus 119 (Divoká Šárka)

Sich in der pulsierenden Hauptstadt wie auf dem Land fühlen, das kann man im Naturreservat der »Wilden Šárka«. Die Fahrt vom Zentrum (ca. 30 Min.) lohnt sich vor allem in den Sommermonaten. Der gleichnamige Bach schlängelt sich durch malerische Felsformationen, die stellenweise an das Elbsandsteingebirge erinnern. Vom Stausee Džbán im Osten aus kann man auf die Hügel steigen oder den Bach entlang spazieren. Auch wenn das Erholungsgebiet ziemlich groß ist – dank guter Beschilderung und mehreren Lokalen kann man sich weder verlaufen noch verdursten.

ADAC *Mittendrin*

Das **Freibad Koupaliště Divoká Šárka** am westlichen Ende der Wilden Šárka besticht durch seine Schlichtheit. Kein Wasserpark-Firlefanz, sondern einfach zwei Becken mit etwas unkonventionellen Längen und gewöhnungsbedürftig niedrigen Wassertemperaturen, einigen Tischtennis-Platten, einem kleinen Kinderspielplatz und einer Imbissbude. Authentisch, wunderschön gelegen und mit einem Hauch 1980er-Jahre-Charme. *Šárecké údolí – Nebušice, Tel. 603 723 501, www.koupaliste-sarka. webnode.cz, während der Sommermonate tgl. 10–18 Uhr*

49 Schloss Stern
Letohrádek Hvězda

Renaissance-Lustschloss mit einem weitläufigen Park

■ Metro A (Petřiny); Tram 1, 2 (Sídliště Petřiny)
■ Obora Hvězda, Prag 6, Tel. 235 357 938, www.pamatniknarodnihopisemnictvi.cz, Di–So 10–18 Uhr, 75 CZK, erm. 45 CZK

Inmitten eines ehem. kaiserlichen Wildgeheges steht das Renaissanceschloss Stern, entworfen von Erzherzog Ferdinand von Tirol. Der österreichische Fürst wählte als Grundriss die Form eines sechszackigen Sterns. Im Innern begeistern die Deckenstuckaturen der italienischen Baumeister mit mythologischen Motiven. Eine Ausstellung ist der Geschichte des Schlosses und der Schlacht am Weißen Berg gewidmet, der ersten großen Auseinander-

Im Blickpunkt

Filmhochburg Prag

Die von Miloš und Václav Havel in den 1930er-Jahren gegründeten **Barrandov-Studios** gehören zu den größten und beliebtesten Filmproduktionsstätten Europas. In den 1960ern und 1970ern entstanden hier populäre Märchenfilme und Kinderserien wie »Pan Tau« oder »Drei Haselnüsse für Aschenbrödel«. Nach der Wende folgte eine Flaute, bis Hollywood die Studios dank niedriger Produktionskosten entdeckte. An Prags renommierter **Filmakademie FAMU** studierte Tschechiens berühmtester Regisseur Miloš Forman. Mitte der 1960er war er Mitglied der Neuen Tschechoslowakischen Welle, siedelte aber nach der Niederschlagung des Prager Frühlings in die USA über und erhielt für »Einer flog über das Kuckucksnest« und »Amadeus« jeweils einen Oscar.

setzung des Dreißigjährigen Krieges, bei der die Katholiken das protestantische Böhmen mit seinem Gegenkönig Friedrich von der Pfalz vernichtend schlugen. Als Folge verlor das Land drei Jahrhunderte seine Autonomie.

50 Stift Břevnov
Břevnovský klášter

Ältestes Benediktinerkloster auf böhmischem Gebiet

■ Tram 22, 25, 97 (Břevnovský klášter)
■ Markétská 1, Tel. 220 406 111, www. brevnov.cz

Die Erzabtei Břevnov wurde 993 vom Prager Bischof Adalbert und Herzog Boleslav II. etwas westlich von Prag gegründet. Rund um das Benediktinerkloster entstand Breunau (Břevnov), eine der frühesten und bedeutendsten Siedlungen der heutigen Hauptstadt. Im frühen 18. Jh. erfolgte der Ausbau des Stifts im Barockstil. Von der ehem. romanischen Klosterkirche (11. Jh.) ist nur noch die Krypta übrig, die bei Führungen durch die Anlage besichtigt werden kann. Das Gotteshaus des Stifts war 1986 Schauplatz der Totenmesse des Schriftstellers und Nobelpreisträgers Jaroslav Seifert. An dem denkwürdigen Begräbnis nahmen nicht nur zahlreiche Dissidenten teil, sondern auch mindestens genauso viele Agenten des Geheimdienstes.

 Sport

Inlineskaten Südlich des Klosters findet man im Ladronka-Park eine abwechslungsreiche 3,4 km lange Inlineskating-Strecke. Rollschuhverleih vor Ort. ■ Ladronka, Tomanova 1, Tel. 775 082 858, www.ladronka.com, Verleih: Mo–Fr ab 14, Sa, So ab 10 Uhr

51 Vyšehrad

 Sagenumwobene Burg mit Ehrenfriedhof und Park

■ Metro C (Vyšehrad); Tram 3, 17 (Výtoň); Tram 7, 14, 24 (Albertov)
■ V Pevnosti 159, Tel. 261 225 304, www. praha-vysehrad.cz

Auf einem Felsvorsprung hoch über der Moldau soll Prinzessin Libuše die Gründung einer Stadt vorausgesagt haben, »deren Ruhm bis an die Sterne reichen wird« (siehe »Wussten Sie schon?«, rechts). Die Geschichte um die Fürstentochter gehört ins Reich der Mythen, ebenso die Annahme, dass hier noch vor der Prager Burg die erste Herrscherresidenz der Stadt errichtet wurde. Historisch gesichert ist eine erste Befestigungsanlage nach 900. Böhmens erster König Vratislav II. verlegte im 11. Jh. seinen Sitz hierhin. Bereits im 12. Jh. kehrten die Könige auf die Prager Burg zurück. Im 14. und 17. Jh. wurde die vernachlässigte Anlage unter Karl IV. (S. 114) und Leopold I. zur Festung ausgebaut. Die unterirdischen Kasematten mit ihren langen Korridoren beherbergen heute einige Originalstatuen der Karlsbrücke (S. 40). Darüber liegen die Wehrgänge, die zu den beliebtesten Spazierwegen

ADAC *Wussten Sie schon?*

Mit **Prinzessin Libuše** verbindet sich der Gründungsmythos Prags. Als Nachfahrin des Urvaters Čech heiratete sie den einfachen Pflüger Přemysl, gründete mit ihm die Herrscherdynastie der Přemysliden und prophezeite auf dem Vyšehrad die Gründung der Goldenen Stadt: Dort, wo man eine Schwelle zimmern werde, werde eine prächtige Burg entstehen. Das Wort Schwelle heißt auf Tschechisch »prah«, Prag (Praha) damit also die »Stadt an der Schwelle«. Heute verweisen monumentale Statuen von Josef Myslbek im Vyšehrader Park auf die Legende.

Ausflugsboot auf der Moldau vor dem Vyšehrad, der zweiten Prager Burg

Im Blickpunkt

Karl IV. – der alles überstrahlende Kaiser

Wenn heute in TV-Shows oder landesweiten Umfragen darüber abgestimmt wird, wer denn der größte aller Tschechen in der Geschichte war, landen nicht etwa Václav Havel, Tomáš Garrigue Masaryk oder gar Karel Gott regelmäßig auf dem ersten Platz, sondern der vor über 640 Jahren verstorbene Kaiser Karl IV. Als Sprössling des Luxemburgers Johann und seiner Přemysliden-Gemahlin Eliška (Elisabeth) fühlte er sich sowohl der deutschsprachigen als auch der slawischen Kultur nahe. 1346 wurde er mit 30 Jahren römisch-deutscher König, 1355 römisch-deutscher Kaiser. Unter Karl IV. entfaltete sich Prag zur prächtigen Residenzstadt und erlebte einen bis dahin beispiellosen Aufschwung in Architektur, Kultur und Wissenschaft. Der Kaiser starb 1378 in seiner geliebten Heimatstadt.

der Prager zählen. Eine Pause kann man im sympathischen Biergarten »Na hradbách« oder auf einer der vielen schönen Grünflächen einlegen.

 Sehenswert

Ehrenfriedhof des Vyšehrad
| Friedhof |
Neben der Stiftskirche der hll. Peter und Paul liegen seit 1870 im Ehrenfriedhof des Vyšehrad (Vyšehradský hřbitov) auf relativ kleiner Fläche rund

600 bedeutende Persönlichkeiten der Nation begraben. Im Sinne der Bewegung der Nationalen Wiedergeburt gestaltete man ihre Begräbnisstätten besonders prachtvoll. Auf dem Gelände fanden u.a. Antonín Dvořák, Alfons Mucha und Božena Němcová ihre letzte Ruhestätte.

■ K Rotundě, Vyšehrad, www.hrbitovy.cz, tgl. Nov.–Feb. 8–17, März, April, Okt. 8–18, Mai–Sept. 8–19 Uhr

52 Burg Karlstein
Hrad Karlštejn

 Mittelalterliche Schatzkammer der Reichskleinodien

■ Regionalzug nach Beroun ab Praha Hlavní nádraží (Hbf.) oder Nádraží Praha-Smíchov (Bhf. Smichov) alle 30 Min. (Hst. Karlštejn)
■ Karlštejn, Kreis (Okres) Beroun, Tel. 311 681 617, www.hradkarlstejn.cz, nur mit Führung, Touren stdl. (Kaiserpalast, Marienturm), Großer Turm (Heilig-Kreuz-Kapelle) nach Voranmeldung, 270–300 CZK, erm. 180–200 CZK

Burg Karlstein erhebt sich auf einem Kalksteinfelsen in einem Seitental der Berounka 30 km südwestlich vom Prager Zentrum. Karl IV. gab sie 1348 als Repräsentations- und Festungsbau in Auftrag. Hinter ihren dicken Mauern wurden die zur Herrschaft über das Heilige Römische Reich legitimierenden Reichskleinodien aufbewahrt. Die Burganlage gliedert sich in drei Teile. Dem Kaiserpalast mit Wohnräumen des Herrschers zuunterst folgt in der Mitte der Marienturm und zuletzt der Große Turm mit dem religiösen Zentrum der Anlage, der Heilig-Kreuz-Kapelle. Den rund 20-minütigen Weg

Burg Karlstein – repräsentativer Festungsbau Kaiser Karls IV.

zur Burg flankieren Souvenirläden und überteuerte Restaurants. Die oft zwischen Folklore und Vergnügungspark schwankende Stimmung ist dem Geist des Ortes als bedeutendes nationales Kulturdenkmal nicht unbedingt zuträglich.

 Parken

Wo die kleine Ortschaft Karlštejn beim Fluss Berounka in Richtung Tal und Burg beginnt, liegt ein großer, bewachter Besucherparkplatz. ■ Parkoviště Karlštejn, 50 CZK/Std., 100 CZK/Tag

 Wandern

Bei Karlštejn liegt das Landschaftsschutzgebiet Český kras. Zum Wandergebiet im Böhmischen Karst gehört ein alter Steinbruch mit See, der **Velká Amerika** (Großes Amerika) oder **Tschechischer Grand Canyon** heißt. Von der

Burg gelangt man in etwa 90 Min. zu dem beliebten Ausflugsziel. Auch sonst bieten die dicht bewaldeten Hügelzüge rund um die Burg schöne Wander- und Spazierwege, die gut ausgeschildert sind.

Im Blickpunkt

Wandern in der Stadt

Prag besitzt schöne, weitläufige Parks, doch gelangt man auch schnell hinaus ins Grüne. Naherholungsgebiete wie die **Divoká Šárka** (S. 111), der wunderbar an der Moldau gelegene Naturpark **Drahaň-Troja** im Norden oder das Waldgebiet **Klánovice** im Osten sind schnell mit dem öffentlichen Verkehr erreicht. Mancherorts wähnt man sich eher auf einem Wander- als auf einem Städtetrip.

53 Schloss Konopischt
Zámek Konopiště

Residenz des ehemaligen Habsburger Thronfolgers Franz Ferdinand

◾ Zug nach Benešov ab Praha hlavní nádraží (Hbf.) alle 30/60 Min. (Hst. Benešov u Prahy)

◾ Autobahn D1 Richtung Brno (Ausfahrt 21), dann E55 Richtung Linz/Benešov

◾ Konopiště 1, Benešov, Tel. 317 721 366, www.zamek-konopiste.cz, Di–So April, Mai, Sept. 10–16, Juni–Aug 10–17, Okt. 10–15, Nov. Sa, So 10–15 Uhr, nur mit Führung, 170–240 CZK, erm. 120–170 CZK

In der mittelböhmischen Gemeinde Benešov rund 40 km südöstlich von Prag steht seit dem Mittelalter eine stattliche Burg, die im 17. Jh. im Stil der Spätrenaissance umgestaltet wurde. Im Burgenland Böhmen wäre dies vermutlich keiner Erwähnung wert, hätte nicht 1887 ein bedeutender Besitzerwechsel stattgefunden: Österreichs späterer Thronfolger Erzherzog Franz Ferdinand d'Este kaufte das Anwesen und ließ das Schloss mit wertvollen Kunstgegenständen, Meißner Porzellan und teuren Möbeln ausstatten. Auffallend sind die vielen Jagdtrophäen des ehemaligen Hausherren, die die Wände zieren. Franz Ferdinand galt als geradezu jagdbesessen, im Laufe seines Lebens erlegte er mehr als 200 000 Tiere.

 Parken

Parking Chateau Konopiště I und II
Etwa 200 m unterhalb von Schloss Konopischt liegen bewachte Besucherparkplätze.

54 Kutná Hora
Kuttenberg

Ehemalige Königsstadt als UNESCO-Weltkulturerbe

◾ Zug ab Praha hlavní nádraží (Hbf.) stdl., Bus Linie C ab Metro-Station Háje stdl.

◾ Autobahn D11 Richtung Hradec Králové (Ausfahrt 39), dann Landstraße 38 über Kolín bis Kutná Hora

Zu den beliebtesten Touristenattraktionen Tschechiens gehört die ehemalige Silberbergbau-Stadt Kutná Hora (Kuttenberg). Hauptsehenswürdigkeit ist die historische Altstadt, die zum UNESCO-Weltkulturerbe zählt. Dank der Edelmetallgewinnung wuchs die Siedlung im Mittelalter schnell zur bedeutenden und nach Prag zweitgrößten Königsstadt heran. Mit Ende des Bergbaus im 16. Jh. verlor Kutná Hora an wirtschaftlichem und politischem Gewicht. Von Prag ist die Stadt in etwa einer Stunde erreichbar und daher ein klassisches Tagesausflugsziel.

ADAC *Spartipp*

Was beim Prager Nahverkehr im Kleinen gilt, trifft auch auf die **Tschechische Bahn** im Großen zu: Sie ist vergleichsweise billig, die Züge fahren regelmäßig und das Netz ist dicht. Einziger Haken: Man kommt nicht gerade schnell voran, denn die meisten Strecken sind veraltet. Ausflugsziele rund um Prag sind mit Regionalzügen aber dennoch recht schnell erreichbar.
www.cd.cz/de

Sehenswert

St. Barbara

| Kirche |

Der gotische Dom (Chrám sv. Barbory) ist architektonischer Höhepunkt der Altstadt Kuttenbergs. Begonnen wurde er 1388 unter Johann Parler d. J., Sohn des Veitsdom-Baumeisters Peter Parler. Die beeindruckenden, reich verzierten Kreuzgewölbe im Mittelschiff und das prächtige Strebewerk an den Außenseiten stammen von Benedikt Ried, der auch den Wladislaw-Saal des Königspalastes auf dem Hradschin (S. 48) gestaltete. Beendet wurde der Bau erst um 1900 mit den drei Zeltdächern im Stil der Neogotik.

■ Barborská, www.khfarnost.cz, tgl. Nov.–März 9–16, April–Okt. 9–18 Uhr, 85 CZK, erm. 65 CZK

Sedletz-Ossarium

| Beinhaus |

Auf dem Friedhof des Zisterzienserklosters Panna Maria (Jungfrau Maria) in Sedlec (Sedletz), einem Stadtteil von Kutná Hora, wurde im 15. Jh. eine kleine Kirche errichtet. Ihr Untergeschoss diente im Zuge der Verkleinerung des Friedhofs als Beinhaus (Kostnice Sedlec), die Überreste Zehntausender Begrabener lagerten hier. Im 19. Jh. kaufte die Fürstenfamilie Schwarzenberg das Gotteshaus und gab dem Holzschnitzer František Rint den kuriosen Auftrag, den Innenraum der Kirche mit den Knochen aus dem Beinhaus zu dekorieren. Ein faszinierender, etwas schauerlicher Anblick.

■ Zámecká, www.ossuary.eu, tgl. Nov.–Feb. 9–16, März, Okt. 9–17, April–Sept. 8–18 Uhr, 90 CZK, erm. 60 CZK

Sedletz-Ossarium in Kutná Hora: Dekor aus menschlichen Knochen

55 Theresienstadt
Terezín

Ehemalige Garnisonsstadt und Konzentrationslager während der Nazizeit

■ Linien-Bus ab Bhf. Prag-Holešovice bis mittags alle 30/60 Min. (Terezín)
■ Autobahn D8 Richtung Teplice und Dresden – 30 km vor Teplice als Nationales Kulturdenkmal ausgeschildert

Theresienstadt wurde Ende des 18. Jh. als Garnisonsstadt angelegt und nach der 1780 verstorbenen österreichischen Herrscherin Maria Theresia benannt. In erster Linie als militärische Festung konzipiert, sollte sie als Bollwerk gegen den Erzfeind Preußen dienen. Die Stadt besteht aus der sog. Großen Festung, der im Osten ein kleineres Fort vorgelagert wurde. Internationale und traurige Berühmtheit erlangte der Ort ab

Gedenkstätte Theresienstadt: Friedhof vor der Kleinen Festung

1941 als jüdisches Ghetto, Durchgangs- und Konzentrationslager Theresienstadt. Heute mutet die Stadt mit ihren nur noch 3 000 Bewohnern etwas gespenstisch an.

 Sehenswert

Kleine Festung
| Gedenkstätte |
Etwa 500 m von der Kernstadt liegt die Kleine Festung (Malá pevnost), zu Habsburger Zeiten ein Gefängnis für militärische und politische Gefangene. Prominentester Insasse war Gavrilo Princip, der mit seinem Attentat auf den österreichischen Thronfolger Franz Ferdinand (S. 116) den Funken entzündete, der den Ersten Weltkrieg auslöste. Später kerkerten hier SS und Gestapo Oppositionelle ein. Die Kleine Festung als Teil der Gedenkstätte Terezín beinhaltet u. a. eine etwas knappe Ausstellung zur Geschichte des Forts, Informationen zu den Haftbedingungen und zur deutschen Besatzungsmacht.
■ Malá pevnost, Tel. 416 782 225, www.pamatnik-terezin.cz, tgl. Nov. –März 8–18, April–Okt. 8–16.30 Uhr, 175 CZK, erm. 145 CZK, Kombi-Ticket mit Ghetto-Museum und Magdeburger Kaserne 215 CZK, erm. 165 CZK

Ghetto-Museum
| Ausstellung |
Im Zentrum der Großen Festung und eigentlichen Stadt liegt das Muzeum ghetta. Eine ausführliche Dauerausstellung erzählt die Geschichte des Ghettos und Durchgangslagers Theresienstadt. Wechselausstellungen, ein Kino und Führungen vermitteln einen detaillierten Einblick in die Lebensumstände der über 60 000 hier eingepferchten Juden. Insgesamt durchlie-

Im Blickpunkt

Heydrichiáda – das dunkelste Kapitel der Landesgeschichte

Die brutalste Epoche nationalsozialistischer Herrschaft in Tschechien wird Heydrichiade genannt. Im März 1939 annektierte Nazi-Deutschland völkerrechtswidrig die sog. Rest-Tschechei. Was folgte, waren Terror und Unterdrückung im Reichsprotektorat Böhmen und Mähren. Zunächst amtierte Konstantin von Neurath als Reichsprotektor bis September 1941. Da dieser nach Adolf Hitlers Geschmack jedoch zu lasch gegen Widerstandsbewegungen vorging, übertrug er von Neuraths Vollmachten an Reinhard Heydrich. Der ehrgeizige SS-Obergruppenführer und Günstling Himmlers verrichtete seine Arbeit mit beispielloser Skrupellosigkeit. Jene Phase bis zu seinem Tod ging als erste Heydrichiade in die Geschichte ein, die Zeit nach dem erfolgreichen Attentat auf Heydrich im Mai 1942 als zweite. In Letztere fallen die Vergeltungsmaßnahmen der Nazis (etwa in St. Kyrill und Method, S. 81) und die Auslöschung der Dörfer Lidice und Ležáky samt allen auffindbaren Frauen und Kindern.

fen 155 000 Häftlinge das Lager, rund 35 000 von ihnen fanden hier den Tod. Weitere 83 000 kamen nach der Deportation von Theresienstadt in den Vernichtungslagern ums Leben.

■ Komenského 148, Tel. 416 782 225, www.pamatnik-terezin.cz, tgl. Nov.–März 9–18, April–Okt. 9–17.30 Uhr

 Parken

Im Stadtzentrum von Terezín ist das Parken am Straßenrand umsonst. Außerhalb der Stadt und rund 200 m von der Kleinen Festung befindet sich ein großer Parkplatz ■ 10 CZK/Std., 70 CZK/Tag

Am Abend

Auch jenseits des Zentrums findet man spannende Veranstaltungen und Clubs. Man ist näher dran am »normalen« Prager und dessen Lieblingslokalen.

Bühne

Hudební divadlo Karlín Eines der führenden Musical-Häuser des Landes. Achtung: Hier wird nur tschechisch gesungen! ■ Křižíkova 10, Prag 8 (Karlín), Tel. 221 868 666, www.hdk.cz, Metro B/C, Tram 3, 24, 92 (Florenc)

Jazz Dock Hier stimmt nicht nur die Qualität der Jazz-Bands, sondern auch die fantastische Lage auf der Moldau. Nach den Konzerten wird das Jazz Dock zur gemütlichen Bar. ■ Janáčkovo nábřeží 2, Prag 5 (Smíchov), Tel. 774 058 838, www.jazzdock.cz, Mo–Do 15–4, Fr, Sa 13–4, So 13–2 Uhr, Okt.–März 2 Std. später. Tram 9, 20, 98, 99 (Švandovo divadlo)

Kasárna Karlín Der Kulturkomplex in einer ehem. Kaserne beherbergt u.a. einen Konzertsaal, ein Sommerkino, eine Café-Bar und einen großen Spielplatz. Prvního pluku 2, Prag 8 (Karlín), www.kasarnakarlin.cz, tgl. 12–24 Uhr, Metro B/C, Tram 3, 24, 92 (Florenc), Bus 133, 207, 909 (Pernerova)

Kneipen, Bars und Clubs

MeetFactory Konzerthaus, Galerie und Club, gegründet von Tschechiens bekanntestem Gegenwartskünstler David Černý (S.57). ■ Ke Sklárně 15, Prag 5 (Smíchov), Tel. 251 551 796, www.meetfactory.cz, tgl. 13–20 Uhr, Tram 12, 20, 94 (Lihovar)

Na Urale Urige Kneipe mit guter Küche, fast ausschließlich von Einheimischen besucht. ■ Uralská 9, Prag 6 (Bubeneč), Tel. 224 326 820, www.drest.cz/na-urale, tgl. 11–24 Uhr, Tram 8, 18 (Lotyšská)

Übernachten

In den zentrumsferneren Vierteln finden sich eher günstige Hotels, aber auch einige bessere Häuser mit verhältnismäßig niedrigen Preisen.

€

Hotel Adalbert Schlichtes, komfortables Dreisternehaus in den Gemäuern des Klosters Břevnov (S.112). ■ Břevnovský klášter, Markétská 1, Tel. 220 406 170, www.hoteladalbert.cz

€€

Hotel Angelis Sehr schickes Viersterne-Familienhotel mit guter Verkehrsanbindung. ■ Pivovarská 5, Prag 5 (Smíchov), Tel. 257 190 900, www.hotelangelis.com

 Hotel International Prague Legendäres Hotel der stalinistischen Ära. In diesem Haus übernachteten wichtige Gäste aus den kommunistischen Bruderländern. ■ Koulova 15, Prag 6 (Dejvice), Tel. 296 537 111, www.internationalprague.cz

Perfekt für unterwegs.
Die Stellplatzsuche – kurz und gut.

■ Über 6.800 Wohnmobil-Stellplätze in 37 Urlaubsländern – jetzt in zwei Bänden ■ ADAC Klassifikation mit 5-Sterne-Gesamtbewertung ■ Bis zu 200 Detailinformationen pro Stellplatz ■ Mit zwei Planungskarten und GPS-Koordinaten ■ Mit ADAC CampCard.

Überall, wo es Bücher gibt, und beim ADAC.

www.adac.de/shop

Beim **ADAC Infoservice**, in den **ADAC Geschäftsstellen** sowie auf dem **Internetportal des ADAC** (www.adac.de) erhalten Sie Informationen zu den Dienstleistungen des Automobilclubs und zu Ihrem Reiseziel. Als **ADAC Mitglied** können Sie zudem das kostenlose **ADAC TourSet® Prag** mit vielen Reiseinfos und Karten anfordern oder die **TourSet App** auf dem **Smartphone** oder **Tablet-PC** installieren (www.adac.de/toursetapp).

Rufen Sie bei Notfällen und Pannen den **ADAC Notruf** bzw. den **ADAC Auslandsnotruf** an. Unser Team steht Ihnen rund um die Uhr zur Verfügung.

ADAC Infoservice

Tel. 0 800/510 11 12
Infos zu allen ADAC Leistungen
(Mo–Sa 8–20 Uhr, gebührenfrei)

ADAC Notruf Deutschland

Tel. 0 180/222 22 22
(24 Std., ca. 6 ct/Anruf, max. 42 ct/Min.
aus deutschem Mobilfunknetz)

ADAC Notruf Mobil-Kurzwahl

Tel. 22 22 22
(Gebühren variieren je nach
Netzbetreiber)

ADAC Auslandsnotruf

Tel. +49/89/22 22 22
(Gebühren variieren je nach
Netzbetreiber und Land)

Internet-Serviceangebote des ADAC für Ihre Reiseplanung

Service	Webadresse
Aktuelle Verkehrslage	www.adac.de/verkehr
ADAC Routenplaner	www.adac.de/maps
Infos zu Tankstellen und Spritpreisen	www.adac.de/tanken
Infos zu mautpflichtigen Strecken	www.adac.de/maut
Infos zu Fährverbindungen	www.adac.de/faehren
ADAC TourMail (Aktuelle Infos vor Anreise)	www.adac.de/tourmail
Informationen für Camper	www.adac.de/camping
Informationen für Motorradfahrer	www.adac.de/motorrad
Informationen für Segler und Skipper	www.adac.de/sportschifffahrt
ADAC Reiseangebote	www.adacreisen.de
ADAC Autovermietung	www.adac.de/autovermietung
ADAC Versicherungen für den Urlaub	www.adac.de/versicherungen
Weltweite Preisvorteile für ADAC Mitglieder	www.adac.de/vorteile-international

Diese **Produkte des ADAC** könnten Sie interessieren: **ADAC Reiseführer Wien**, **ADAC Reiseführer Polen** und **ADAC Reisemagazin Budapest** – erhältlich im Buchhandel, bei den ADAC Geschäftsstellen und in unserem ADAC Online-Shop (www.adac.de/shop).

Anreise und Einreise

Auto

Vom **Norden oder Osten Deutschlands** kommend, gelangt man über die Autobahn A17/D8 von Dresden nach Prag. Aus **Süd- und Westdeutschland** fährt man über die A6/D5 von Nürnberg über Pilsen in die Hauptstadt. Von **Wien** aus geht es über die A5 in Richtung tschechische Grenze, danach über die E461 nach Brünn (Brno) und die D1, von **Linz** aus über die E55 und České Budějovice (Budweis) sowie die D3 über Tábor in die tschechische Hauptstadt. In Prag angekommen, sollte man einen überwachten Parkplatz (S. 131) zum Parken wählen!

Busse

Von Deutschland, Österreich und der Schweiz verkehren u.a. die Busgesellschaften Touring/Eurolines, Flixbus und Student Agency nach Prag. Die Fahrten enden meist am **Busbahnhof Florenc** nahe der gleichnamigen Metro-Station.

Auch die Deutsche Bahn bietet eine recht günstige Busverbindung von Leipzig, Mannheim und München aus an. Endstation ist der **Prager Hauptbahnhof** (Praha hlavní nádraží).

■ www.touring.de, www.flixbus.de, www.studentagency.eu/de

Bahn

Die Bahn bietet regelmäßige Verbindungen nach Prag, auch mit dem Nachtzug. Zielstation ist meist der Prager Hauptbahnhof oder, etwas nördlich des Stadtzentrums, der Bahnhof in Holešovice (Nádraží Holešovice). Früh buchen lohnt sich!

■ www.bahn.de, www.sbb.ch, www.oebb.at

Flugzeug

Zahlreiche Airlines aus der ganzen Welt fliegen den Prager Václav-Havel-Flughafen (Letiště Václava Havla Praha) an. Er liegt bei Ruzyně, etwa 15 km nordwestlich des Stadtzentrums. Der Flughafen ist recht übersichtlich und besteht aus drei Terminals: Terminal 2 für Flüge aus den Schengen-Staaten, Terminal 1 für alle anderen Auslandsflüge, Terminal 3 zur Abfertigung von Privatjets.

Transfer Noch fehlt ein Metro- oder Bahn-Anschluss, die Innenstadt erreicht man trotzdem bequem mit der Buslinie 119. Sie verkehrt alle 5 bis 20 Minuten zur Metro-Station Nádraží Veleslavín. Von dort geht es weiter mit der Metro A (grüne Linie). Zwischen 24 und 4 Uhr bringt der Nachtbus 910 Reisende zur Metro-Station I. P. Pavlova. Fahrzeit: je nach Verkehr 40 bis 60 Minuten, Preis: 32 CZK (Ticket der Prager Verkehrsbetriebe).

Ein **Taxi** zum Flughafen (am besten mit der fairen Gesellschaft AAA, S. 33) sollte nicht mehr als etwa 550 CZK kosten (im Normalfall rund 400 CZK).

■ Flughafen Prag: www.csl.cz, www.prg.aero/de

Einreise

Für EU-Bürger und Schweizer genügen ein gültiger Reisepass oder Personalausweis bzw. Identitätskarte, um in die Tschechische Republik einreisen zu können. Die Dokumente müssen bis mindestens zur Ausreise gültig sein. Auch Kinder brauchen ein eigenes Ausweisdokument. Das Land gehört zum Schengen-Raum. Seit Ende 2015 werden aufgrund steigender Flüchtlingszahlen an den Grenzen zu Deutschland und Österreich vermehrt Kontrollen durchgeführt.

Auto und Straßenverkehr

Verkehrsvorschriften

Automobile müssen in Tschechien ganzjährig mit eingeschalteten Scheinwerfern (Tagfahrlicht) unterwegs sein. Pflicht ist auch das Mitführen der grünen Versicherungskarte. Ebenso müssen vom 1. November bis 31. März bei schlechter Witterung und in Gebirgsregionen zwingend Winterreifen montiert sein. Zudem gilt in Tschechien eine Alkoholgrenze von 0,0 Promille. In Prag gilt es außerdem darauf zu achten, dass Straßenbahnen immer Vorfahrt genießen. Kinder müssen im Kindersitz mitfahren.

Tempolimits

Straße	Tempolimit
Ortschaft	50 km/h
Landstraße	90 km/h
Autobahn (in Städten)	130 km/h (80 km/h)

Maut

Benutzer von Autobahnen und vierspurigen Schnellstraßen müssen eine gültige **Vignette** an der Frontscheibe führen. Man erhält sie an Grenzübergängen und zahlreichen Tankstellen. Die Vignette für ein ganzes Kalenderjahr kostet 1500 CZK, für einen Monat 440 CZK. Einen Zehntages-Aufkleber erhält man für 310 CZK. Der gelb eingekreiste Buchstabe M als Piktogramm signalisiert die Vignetten-Pflicht.

Unfall

Nach einem Unfall sollten Sie sofort anhalten, die **Unfallstelle** absichern und Erste Hilfe leisten. Wenn bei einem Unfall eine **Person zu Schaden** kommt oder der Sachschaden eines Beteilig-

ten 100 000 Kronen (rund 4000 Euro) übersteigt, muss die Polizei verständigt werden (Rufnummer 158). Trifft dies nicht zu und die Unfallbeteiligten können sich über Schuldfrage und Kostendeckung einigen, muss die Polizei nicht eingeschaltet werden. Es wird auf jeden Fall empfohlen, einen Europäischen Unfallbericht auszufüllen.

Den **ADAC Notruf Deutschland** erreichen Sie bei Fahrzeugpannen und -unfällen unter Tel. 0180/222 22 22 (Mobil-Kurzwahl 22 22 22), den **ADAC Auslandsnotruf** unter +49 89 22 22 22 (Gebühren variieren je nach Netzbetreiber und Land).

 Barrierefreies Reisen

In Prag sind immer mehr Busse und Straßenbahnen auf die Bedürfnisse von Gehbehinderten und Rollstuhlfahrern eingerichtet, da die Flotte der städtischen Nahverkehrsbetriebe DPP laufend modernisiert wird. Die entsprechenden barrierefreien Verkehrsmittel sind mit Piktogrammen im Fahrplan gekennzeichnet. Mittlerweile sind auch fast alle Metro-Stationen barrierefrei zugänglich.

Die Stadt eignet sich mit ihren vielen Kopfsteinpflaster-Straßen und -Gehsteigen sowie hohen Bordsteinkanten nicht wirklich gut für Rollstuhlfahrer. Doch gibt es vor allem im Zentrum viele öffentliche Behinderten-WCs, für die man einen EURO-Schlüssel braucht.

 Informationen auf Deutsch: www.dpp.cz/de/behindertengerechter-zugang

 City Cards

Mit den 2- bis 4-Tagespässen **Prague Card** können rund 50 Sehenswürdigkeiten umsonst und weitere 30 mit ermäßigtem Eintritt besucht werden. Inklusive ist eine Stadtrundfahrt und das kostenlose Fahren mit Metro, Tram und Bus. Verkaufsstellen sind u. a. in den offiziellen Touristen-Informations-büros sowie in den Metro-Stationen Muzeum und Anděl. Ein 2-Tagespass kostet für Erwachsene 58 € (erm. 43 €), die 3- und 4-Tagespässe 68 (erm. 50) bzw. 78 € (erm. 57 €).

 www.praguecard.com

Diplomatische Vertretungen

Deutsche Botschaft

 Vlašská 19, Malá Strana, Tel. 257 113 111, www.prag.diplo.de, Bürozeiten: Mo–Do 8–17, Fr 8–15 Uhr

Botschaft der Republik Österreich

 Viktora Huga 10, Smíchov, Tel. 257 090 511, www.bmeia.gv.at/oeb-prag, Bürozeiten: Mo–Fr 9–12 Uhr

Schweizer Botschaft

 Pevnostní 7, Prag 6, Tel. 220 400 611, www.eda.admin.ch/prag, Besuch nach Voranmeldung

Einkaufen und Märkte

Tradition haben die **Weihnachts- und Ostermärkte** auf dem Altstädter Ring, dem Wenzelsplatz, dem Platz der Republik (Náměstí Republiky) und dem Platz des Friedens (Náměstí Míru). Die Weihnachtsmärkte beginnen Ende November und dauern bis Anfang Januar (tgl. 10–22 Uhr).

 Infos auf Englisch: www.trhypraha.cz/en

Seit einigen Jahren erfreuen sich die Prager **Bauernmärkte** größerer Beliebtheit. Die meisten Stände verkau-

fen von 9 bis 18 Uhr. Der **Markt in Holešovice** (S. 98) ist überdacht, mit einem Vietnamesen-Flohmarkt kombiniert und täglich geöffnet. Bei anderen Märkten variieren Tage und Öffnungszeiten je nach Jahreszeit.

 Infos auf Englisch unter: www.farmarsketrziste.cz/en

Feiertage

1. Jan., Karfreitag, Ostermontag, 1. Mai (Tag der Arbeit), 8. Mai (Tag des Sieges über den Faschismus 1945), 5. Juli (Tag der Slawenapostel Kyrill und Method), 6. Juli (Gedenktag für Jan Hus), 28. Sept. (Tag der tschechischen Eigenstaatlichkeit und Todestag des hl. Wenzel), 28. Okt. (Gründungstag der ersten Tschechoslowakischen Republik 1918), 17. Nov. (Gedenktag für den Kampf um Freiheit und Demokratie), 24.–26. Dez. (Weihnachten)

Fundbüro

Das städtische Fundbüro »Ztráty a nálezy« befindet sich in der Altstadt. Bei Abholung muss man sich über den Personalausweis oder Reisepass als rechtmäßiger Besitzer des verlorenen Gegenstandes ausweisen können. Die Lagerdauer beträgt sechs Monate. Pro Tag fallen zwei Kronen Aufbewahrungsgebühren an.

 Karolíny Světlé 5, Tel. 224 235 085, www.eztraty.cz, Mo, Mi 8–17.30, Di, Do 8–16, Fr 8–14 Uhr (Pause 12–12.30 Uhr)

Geld und Währung

Währung des EU-Mitglieds ist die **Tschechische Krone** (CZK). Im Umlauf sind Münzen zu 1, 2, 5, 10, 20 und 50 CZK, Noten zu 100, 200, 500, 1000, 2000 und

Festivals und Events

März

Febiofest Größtes Programmkino-Festival des Landes. Von Mitte bis Ende März laufen weit über hundert Independent-Streifen aus aller Welt.
www.febiofest.cz

Mai

Pražské jaro Der »Prager Frühling« von Mitte Mai bis Anfang Juni ist ein traditionsreiches Klassikfestival, das seit 1946 schon viele internationale Stars und renommierte Orchester als Gäste begrüßen durfte.
www.festival.cz

Juni

Královský průvod Bei dem volkstümlichen, zweitägigen Königsumzug begibt sich am ersten Juni-Wochenende ein mittelalterlicher Tross von Karlstein auf die Prager Burg.
www.pruvodkarlaiv.cz

United Islands of Prague Populäres Musikfestival Ende Juni auf den Moldauinseln und an den Ufern des Flusses. Die Musikpalette reicht von Jazz über Pop bis Rock. Der Eintritt ist umsonst.
www.unitedislands.cz

August

Letní Letná Zirkus- und Akrobatik (Mitte bis Ende Aug.) im Stile des Cirque du Soleil.
www.letniletna.cz

September

Dvořákova Praha Junges, aber international etabliertes Klassik-Festival von Anfang bis Mitte Sept. Dvořáks Prag ist nach dem »Prager Frühling« die bedeutendste Veranstaltung ihrer Art in der Hauptstadt.
www.dvorakovapraha.cz

Oktober

Signal Festival Mitte Okt. beleuchten Künstler vier Tage lang nach Einbruch der Nacht die Fassaden historischer Bauten sowie Plätze mit fulminanten Lichtinstallationen.
www.signalfestival.com

Das Filmfest Ebenfalls Mitte Okt. zeigen Programmkinos an fünf Tagen Höhepunkte deutschsprachigen Filmschaffens des vorangegangenen Jahres.
www.facebook.com/dasfilmfest

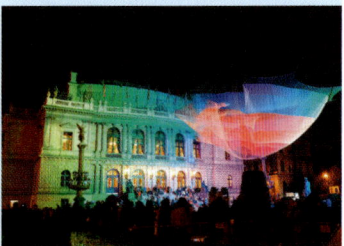

Signal Festival

November/Dezember

Famufest Festival Mitte Nov. der Filmschule FAMU mit Werken der Studenten, Partys, Ausstellungen.
www.famufest.cz

Prager Theaterfestival deutscher Sprache Von Ende Nov. bis Anfang Dez. spielen seit über 20 Jahren hochklassige Ensembles aus Deutschland, Österreich und der Schweiz. Karten müssen frühzeitig reserviert werden!
www.theater.cz

5000 CZK. Mit Kredit- oder Girokarte erhält man an den zahlreichen **Geldautomaten** problemlos Bargeld (meist unter Angabe von Wechselkurs/Belastung in Ausgangswährung). Natürlich kann man auch bei Banken und Sparkassen wechseln (Öffnungszeiten siehe S.130). In vielen Geschäften und Restaurants kann man mit Kreditkarte bezahlen, in kleineren Cafés und Bars nicht immer. Fragen Sie vor der Bestellung nach.

Wechselkurse

(Rechner: www.oanda.com)

1 €	ca. 25 CZK
10 CZK	ca. 0,40 €
1 SFr	ca. 22 CZK
10 CZK	ca. 0,45 SFr

Die meisten Wechselstuben sollte man meiden, selbst wenn 0 % Kommission (»No commission«) angegeben ist. Das gilt oft nur für hohe Beträge bzw. den Rückumtausch von Kronen – oder die Betreiber finden andere Schlupflöcher im (nur tschechisch) Kleingeschriebenen. Fast in allen Wechselstuben gelten unterm Strich sehr schlechte Kurse. Eine Ausnahme im Zentrum ist die Wechselstube in der Ladenpassage neben dem Eingang zum Einkaufszentrum Kotva am Platz der Republik (Czech Exchange, s.r.o. Revoluční 3, Pasáž Kotva).

Kosten im Urlaub

(durchschnittliches Preisniveau)

Großes Bier	35–40 CZK
Espresso	35 CZK
Cappuccino	45 CZK
Softgetränk	40 CZK
Tagessuppe	45 CZK

Mittagsmenü	120 CZK
Hauptspeise (abends)	200 CZK
Flasche Mineralwasser (Supermarkt)	15 CZK
ÖPNV (Einzelfahrschein)	24/32 CZK
Museum	200 CZK
Kino	150 CZK
Badeanstalt	120 CZK/Std.

Gesundheit

Ausländer im Besitz der **Europäischen Krankenversicherungskarte** (EHIC) können in Tschechien bei Krankheit und Unfall in Kliniken und Krankenhäusern medizinische Versorgung in Anspruch nehmen. Das bedeutet unentbehrliche Behandlung, keine weitergehende Leistung. Die Kosten werden von der heimischen Krankenkasse übernommen. Privatversicherte müssen medizinische Leistungen vor Ort selbst bezahlen und danach mit der Versicherung abrechnen.

In Prag finden sich zahlreiche **Polikliniken** mit verschiedenen Abteilungen und Fachärzten. In den meisten Fällen spricht das Betreuungspersonal schlechtes bis gar kein Englisch. Dasselbe gilt für ältere Ärzte, während sich der Großteil des jüngeren medizinischen Fachpersonals inzwischen gut auf Englisch, manchmal sogar auf Deutsch verständigen kann. Grundsätzlich ist die medizinische Versorgung in Tschechien gut. Allerdings kann es, wenn man nicht als Notfall eingestuft wird, länger dauern, bis sich ein Arzt um einen kümmert.

■ Nemocnice Na Františku, Na Františku 8, Tel. 222 801 111, www.nnfp.cz

■ Poliklinika Medefin Anděl, Kartouzská 6, Tel. 257 288 600, www.medifin.eu

Apotheken sind in Tschechien mit einem grünen Kreuz gekennzeichnet und heißen »lekárna«. Rezeptfreie Mittel sind oft deutlich günstiger als zu Hause. Rezeptpflichtige Medikamente müssen nach einem Arztbesuch nach spätestens 14 Tagen, nach einem Aufenthalt in der Notfallambulanz nach zwei Tagen mit der entsprechenden Bescheinigung abgeholt werden. Für Antibiotika gilt: fünf Tage.

■ Lékárna U Červeného orla, Havelská 14, Tel. 222 094 110, www.lekarna cervenyorel.cz

Haustiere

Wenn Sie Ihre tierischen Freunde nach Tschechien mitnehmen, müssen Sie bei gängigen Haustierarten wie Hunden oder Katzen den EU-Heimtierausweis (mit ISO-konformem Mikrochip und allen Pflichtimpfungs-Einträgen) mitnehmen. In Tschechien gilt **Leinenpflicht** in öffentlichen Gebäuden und auf öffentlichen Plätzen. Für Hunde gilt in öffentlichen Verkehrsmitteln eine generelle **Maulkorbpflicht**.

Information

Als beliebtes Städtereiseziel bietet Prag seinen Besuchern an mehreren zentralen Orten umfassende Informationen und guten, zuvorkommenden Service. Das städtische **Tourismusbüro** (Prague City Tourism) hat im Zentrum drei, im Flughafen zwei Standorte. Hier erhält man Informationen zu Stadt, Sehenswürdigkeiten, Spezialangeboten, kulturellen Veranstaltungen u. Ä.

■ **Prague City Tourism** Tel. 221 714 714, www.praguecitytourism.cz
■ Altstädter Rathaus, Staroměstské náměstí 1, tgl. 9–19 Uhr

■ Rytířská 12, tgl. 9–19 Uhr
■ Wenzelsplatz, Václavské náměstí, tgl. 10–18 Uhr
■ Flughafen, Terminal 1 und 2, Schengenská, tgl. 8–20 Uhr

Im Sitz des landesweiten tschechischen Tourismusbüros am Altstädter Ring erfährt man mehr über Ausflugsziele außerhalb Prags. CzechTourism unterhält auch Niederlassungen in Deutschland und Österreich.

■ **CzechTourism** Staroměstské náměstí 5, Tel. 224 861 476, www.czechtourism.com/de/home, Mo–Fr 9–18, Sa, So 10–17 Uhr

Deutschland

■ Tschechische Zentrale für Tourismus – CzechTourism, Wilhelmstr. 44, D-10117 Berlin, Tel. +49 30 204 4770, www.czechtourism.com/de, Mo–Fr 9–13, 14–17 Uhr

Österreich und Schweiz

■ Tschechische Zentrale für Tourismus – CzechTourism, Penzinger Str. 11–13, 1140 Wien, Tel. +43 1 89 202 99 (kein Kundenverkehr, nur gegen tel. Voranmeldung)

Klima und beste Reisezeit

Prag liegt im Einflussbereich von atlantischem und kontinentalem Wetter. Das Klima ist mild. Im Sommer und Winter führt der kontinentale Einfluss zu stabilem Wetter mit viel Sonnenschein und warmen Temperaturen einerseits und längeren, sehr kalten Phasen andererseits. Inversionslagen führen vor allem in den Wintermonaten zu erhöhter Feinstaubbelastung und Smog. Der Klimawandel führt auch in Prag zu Wetterkapriolen, und so kann es in den normalerweise sehr kalten Monaten Januar oder Februar Tage mit Temperaturwerten jenseits der 10 °C geben.

Die **beste Reisezeit** sind Frühling und Frühherbst. Im Hochsommer kann die Hitze in den Asphaltschluchten sehr belastend sein. Wer das »Mystische Prag« mit nebelverhangenen Altstadtgassen sucht, kommt am besten im November/Anfang Dezember.

Überlaufen ist die Stadt an Weihnachten, Silvester, Ostern und Pfingsten.

Klimatabelle Prag

Monat	Luft (°C) (min./ max.)	Sonne (h/Tag)	Regentage
Jan.	-4/3	1,5	7
Febr.	-3/4	2	6
März	-1/8	3,5	6
April	3/13	6	7
Mai	9/19	7	10
Juni	12/23	8	10
Juli	13/25	8	9
Aug.	13/25	7	9
Sept.	9/19	6	7
Okt.	5/14	4	7
Nov.	1/6	2	6
Dez.	-2/2	1,5	6

Kultur und Tickets

Veranstaltungsprogramme in deutscher und englischer Sprache liegen in der Touristeninformation im Altstädter Rathaus (S. 128) oder an den jeweiligen Veranstaltungsorten aus.

Karten für Theatervorstellungen und Konzerte gibt es an folgenden **Vorverkaufsstellen**:

 Bohemia Ticket Office, Na Příkopě 18, Neustadt, Tel. 224 215 031, www.bohemia

ticket.cz (weitere Niederlassungen in der Stadt)

■ Prague Ticket Office, Staroměstské náměstí 14, Altstadt, Tel. 224 826 440, www.praguetickettoffice.com

■ Ticketpro, Staroměstské náměstí 1, Altstädter Rathaus, Tel. 234 704 234 (Zentrale), www.ticketpro.cz (weitere Filialen in der Stadt)

Medien

Bis zum Zweiten Weltkrieg existierten hierzulande mehrere Publikationen für die deutschsprachige Bevölkerung, darunter das »Prager Tagblatt«, für das u.a. Egon Erwin Kisch und Max Brod schrieben. Nach der Samtenen Revolution griff die wöchentlich erscheinende »Prager Zeitung« diese Tradition wieder auf, bis sie Ende 2016 eingestellt wurde. Seit Ende 2017 bietet sie online wieder auf Deutsch Hintergrundinformationen zu Stadt, Land und Leuten an.

 www.pragerzeitung.cz

Ebenso existiert eine deutsche Abteilung beim Tschechischen Rundfunk mit Radiobeiträgen und Kurzmeldungen online (www.radio.cz/de). An Kiosken im Hauptbahnhof, Flughafen und im Zentrum kann man die internationale Ausgabe deutscher Zeitungen wie »FAZ« oder »Süddeutsche Zeitung« kaufen.

Nachtleben

Prag ist bekannt für seine vielseitige und lebendige Kulturszene. Ihr ist es zu verdanken, dass das Nachtleben nicht nur von großen Diskotheken und austauschbaren Schickeria-Bars im Zentrum dominiert wird. Natürlich kommt das junge Party-Volk an den Rändern der Altstadt und vor allem in der Neustadt in Technoclubs und Bars auf seine Kosten. Dabei reicht die Spannbreite von ballermannähnlichen Einrichtungen bis zu anspruchsvollen Edel-Lokalen mit Pianist und Whisky-Bar-Ecke. Ganz so, wie man es sich in einer Millionenmetropole vorstellt.

Was Prag aber wirklich ausmacht und so viel Charakter verleiht, sind die zahlreichen authentischen Kneipen, »hospody« genannt (siehe »Im Blickpunkt«, S. 77). Hier lässt sich das frisch gezapfte Pilsner immer noch am schönsten genießen.

Die eingangs erwähnte Kulturszene ergänzt das Angebot um viele kleine und mittelgroße Lokale und Konzerthäuser mit Subkultur-Charme. Vor allem in Žižkov und der Krymská-Straße (S. 88, 91 und 94) kommt man auf seine Kosten. Die Umgebung rund um die Krymská-Straße wird von einigen Einheimischen auch »Klein-Kreuzberg« genannt.

Notfall

Auch in Tschechien gilt die europäische **Notfallnummer 112** (Feuerwehr, Notarzt, Polizei). Normalerweise spricht man beim Notfalldienst Tschechisch und Englisch, manchmal sogar Deutsch. Auf jeden Fall wird man an einen geeigneten Gesprächspartner weitervermittelt.

Mit den **Direktnummern** zu Polizei (158), Feuerwehr (150) und Rettungsdienst/Krankenwagen (155) kommt man zwar schneller durch, kann sich dabei aber nicht darauf verlassen, sich auch auf Englisch zu verständigen.

Alle Prager **Krankenhäuser** verfügen über gute Notfallstationen, so das zentral gelegene **Allgemeine Universitätsklinikum** am Karlsplatz.

 Všeobecná fakultní nemocnice,
U Nemocnice 2, Tel. 224 967 777, www.vfn.cz

Etwas außerhalb, aber gut mit der grünen Metro-Linie A erreichbar, liegt das größte Krankenhaus des Landes, das **Universitätsklinikum in Motol.**

■ Fakultní nemocnice v Motole, V Úvalu 84, Tel. 224 431 111, www.fnmotol.cz

Einen zentralen **zahnärztlichen Notdienst** bietet die Städtische Poliklinik in der Neustadt.

■ Městská poliklinika Praha, Spálená 12, Tel. 222 924 268, www.prahamp.cz

Nützliche Apps

■ **Czech Republic – Land voller Geschichten** Mit der App des Tourismusbüros mehr über Stadt und Leute erfahren (Google Store)
■ **GoEuro** App zur Suche von Flug-, Zug- und Busverbindungen (Google Store)
■ **AAA-Taxi** Schnell und praktisch ein Taxi eines seriösen Unternehmens bestellen (www.aaataxi.cz/en/mobile-app)

Öffnungszeiten

In Tschechien herrschen liberale Öffnungszeiten. **Einkaufszentren** und **Supermärkte** sind meist von 9–21 Uhr, in Prag auch länger offen, die Läden der Kleinsupermarkt-Kette Žabka (siehe ADAC Spartipp, S. 37) bis 23 Uhr. Manch kleiner Potraviny-Laden entpuppt sich sogar als »Späti« (»večerka«) bis tief in die Nacht hinein.

Banken und **Apotheken** öffnen meist werktags von 9–17 bzw. von 8–18 Uhr, im Zentrum manchmal auch länger.

Post siehe S. 131

Parken

Parkmöglichkeiten sind bei den jeweiligen Sehenswürdigkeiten aufgeführt. Ansonsten gilt:

Am Straßenrand

Kostenloses Langzeitparken auf der Straße ist nur in Prag 4 und 10 sowie den Randbezirken der Stadt möglich. Die Prager Innenstadt (Prag 1–3, 5–8) verfügt über **drei Parkzonen**, die mit unterschiedlichen Farben gekennzeichnet sind. Der blaue Bereich ist Anwohnern mit Parkberechtigung vorbehalten. Besucher können dort über eine Smartphone-App (mpla.cz/praha – Virtuální parkovací hodiny) parken (max. 3 Std.) und mit Kreditkarte bezahlen. In der violetten Zone dürfen Nicht-Anwohner ihr Auto für maximal 24 Stunden abstellen – in der Nähe findet man Parkautomaten, auch die Zahlung über die erwähnte »virtuelle Parkuhr« ist möglich. Die mit Orange gekennzeichneten Abschnitte sind sog. Kurzparkzonen (max. 3 Std.), bei denen Autofahrer am Automaten oder über ihr Smartphone bezahlen können.

Wer sich für die Online-Variante entscheidet, muss die Nummer des Parkabschnitts eingeben (im unteren Bereich des Parkschilds).

Bewachte Parkplätze

Außerhalb des Stadtzentrums finden sich **Park-and-Ride-Plätze** (P+R), die an das U-Bahn- bzw. Bus- und Straßenbahn-Netz angeschlossen sind. Der Preis beträgt zwischen 4 Uhr und 1 Uhr des darauf folgenden Tages 20 CZK (etwa 0,80 €). Wer sein Auto erst später abholt, muss einen Aufpreis von 100 CZK zahlen.

 Übersicht über P+R-Plätze: www.tsk-praha.cz

Auch einige **Hotels** verfügen über bewachte Parkplätze. Öffentliche Parkhäuser sind rar und für einen längeren Zeitraum teuer.

Eine Alternative sind bewachte Stellplätze des Anbieters **Mr. Parkit**, die pro Tag 125/500 CZK (etwa 5–20 €) kosten und die man bereits vor der Anreise reservieren kann.

 www.mrparkit.com/de

Post

Niederlassungen der Tschechischen Post in Prag sind werktags 8–19 Uhr geöffnet, die **Hauptpost** (Jindřišská 14, nahe Wenzelsplatz) tgl. 2–24 Uhr. Postkarte oder Standard-Brief ins europäische und außereuropäische Ausland kosten einheitlich 32 CZK Porto. Wenn es etwas schneller gehen soll, beträgt das Porto 37 CZK.

Rauchen und Alkohol

Seit Ende Mai 2017 gilt in Tschechien ein striktes Rauchverbot in öffentlichen Gebäuden, Restaurants, Bars und sogar an Tram- und Bushaltestellen. Alkohol und Tabak dürfen nicht an Jugendliche unter 18 Jahren verkauft werden. Seit Ende 2017 gilt an vielen Orten im Zentrum der Stadt und in Parks ein Verbot für den öffentlichen Konsum von mitgeführtem Alkohol.

Sicherheit

Tschechien gehört zu den EU-Ländern mit der niedrigsten Kriminalitätsrate, Prag ist bei Tag und Nacht eine der sichersten Großstädte der Welt. Selbst wenn am Wochenende die Party-Jugend unterwegs ist, muss man nicht ängstlich durch die Gassen schleichen. Einzig Taschendiebstahl ist auch hier ein Problem. Daher sollte man im dichten Gedränge auf großen Plätzen, in öffentlichen Verkehrsmitteln und abends in der Diskothek auf seine Wertsachen achten.

Diebstahl (bzw. Verlust von Wertsachen oder Reisedokumenten) kann man bei jeder Polizeidienststelle anzeigen. Notrufnummer ist wie in ganz Europa 112 (über 158 treten Sie schneller und direkt mit der tschechischen Polizei in Verbindung, über 156 mit der städtischen Polizei). Im Zentrum gibt es rund um die Uhr besetzte **Polizeistationen**: Benediktská 1 (Altstadt, Tel. 974 889 210); Krakovská 11 (Neustadt, Tel. 974 851 720); Jungmannovo náměstí 9 (Neustadt, Tel. 974 851 750) und Vlašská 3 (Kleinseite, Tel. 974 851 730). Dort sind auch Beamte vor Ort, die über Englisch-, oft sogar über Deutsch-Kenntnisse verfügen.

Sport

Tschechien ist nicht nur eine Bier-, sondern auch eine Sportnation. Aber bekanntlich wirkt der Gerstensaft ja wie ein isotonisches Getränk. Viele Tschechen schwören eher auf Bier als auf Isostar und Co. Prag bietet einige Möglichkeiten, sich auch ohne große Vorbereitung während des Kurzurlaubs sportlich zu betätigen.

Fitness

Freiluft-Fitnessanlagen finden sich zunehmend in den Parks der Stadt, eine besonders gute in Žižkov (S. 89).

 Park Rajská zahrada, U Rajské zahrady 1, April–Okt. tgl. 8–20 Uhr

Inlineskaten

Im Ladronka-Park im Nordwesten der Stadt gibt es eine moderne, 3,4 km lange Inlineskating-Bahn (mit Rollschuhverleih, S. 112).

 Tomanova 1, Tel. 775 082 858, www.ladronka.com

Laufen

Viele tolle Parks der Stadt und die inzwischen durchgehend autofreien Uferpromenaden an der Moldau laden geradezu zum Joggen ein. Im Mai findet der Prague Marathon statt (www.runczech.com/de).

Schlittschuhlaufen

Prager lieben das Laufen auf schmalen Kufen. Im Zentrum kann man das (ab Dezember) auf dem Obstmarkt hinter dem Ständetheater (S. 28) und etwas abseits auf der Letná-Ebene (S. 102) gegenüber dem Sparta-Fußball-Stadion. Schlittschuhe können meist vor Ort geliehen werden.

Schwimmen

Ein in Prag verhältnismäßig teurer Spaß ist Schwimmen in öffentlichen Bädern. Der Eintritt ist oft nur stundenweise möglich, nicht selten sind die Hallen überfüllt.

 Plavecký stadion Podolí, Podolská 74, Tel. 220 407 311, www.pspodoli.cz, tgl. 6.30–21.45 Uhr, 110 CZK/Std.

 Šutka Aquacentrum, Čimická 41, Tel. 266 610 711, www.sutka.eu, Mo–Fr 6–22, Sa, So 10–19 Uhr, 125 CZK für die 1., jede weitere Std. 90 CZK, ganztags 350 CZK

Aqua Palace

Im 15 km südöstlich des Stadtzentrums gelegenen Aqua Palace kann man locker einen ganzen Tag verbringen. In der Wasserwelt erwarten verschiedene Rutschen, eine Tauchergrube, Schwimmbecken und Whirlpools die Besucher. Wer es lieber warm mag, geht in die Sauna oder kann im Fitnessbereich schwitzen.

▣ Pražská 138, Tel. 271 104 111, www. aquapalace.cz/de, Mo–Fr 10–22, Sa, So 9–22 Uhr, Sauna bis 23 Uhr, Tageskarte für Erwachsene etwa 690 CZK, für Kinder rund 450 CZK

▣ Aquabus und Busse 328, 363, 385 ab Metro-Station Opatov (C) in Richtung »Čestlice, Aquapalace«

▣ Mit dem Auto über Autobahn D1, Ausfahrt D6, Gewerbegebiet Průhonice (Čestlice)

Stadtführungen und -touren

Mittlerweile bieten zahlreiche Veranstalter organisierte Stadtrundfahrten und -besichtigungen an. Neben den üblichen Rundgängen gibt es auch thematische Führungen: Man kann etwa mit Gespenstern wandeln, Kafkas Lebensspuren folgen (S.21) oder das Prag Obdachloser entdecken (siehe rechts).

Eine Übersicht über die gängigen Angebote findet man bei Prague City Tourism im Altstädter Rathaus (S.128).

▣ **Corrupt Tour** Touren durch das Prag der Korruptionsskandale (S. 67). www. corrupttour.com

▣ **Good Prague Tours** Täglich zwei kostenlose Führungen durch die Stadt. Wenn es einem gut gefallen hat, gibt man dem Guide ein Trinkgeld. Treffpunkt: Am Graben, Na příkope 19, 10.30 und 14 Uhr. www.goodpraguetours.eu

▣ **Prague Special Tours** Verschiedene Führungen, Spezialität: Tour zum Kommunismus mit Besuch eines Atombun-

kers. Malé náměstí 11, tgl. 10–22 Uhr. www.prague-special-tours.com

▣ **Prague Walks** Thematische Führungen und klassische Rundgänge (Themen u. a. Jazz, Glasgemälde, Kommunismus). www.praguewalks.com

▣ **Pragulic** Obdachlose und ehemals Obdachlose zeigen ihre Stadt. Sehr empfehlenswert, um Prag aus einer völlig anderen Perspektive zu erleben! 250 CZK, erm. 180 CZK. www.pragulic.cz

Bootstouren

Günstige Bootstouren bietet die Prager Dampfschifffahrtsgesellschaft (Pražská paroplavební společnost) an, z.B. vom Rašín-Kai (S.80) bis zum Zoo. Man passiert dabei die Moldau-Brücken und -Inseln und genießt eine schöne Sicht auf die Burg.

▣ **Paroplavba** Am Rašín-Kai zwischen Jirásek-Brücke und Palacký-Brücke, Tel. 605 295 111, www.praguesteamboats. com/de, 55–75 Min., 190 CZK/Person

Strom und Steckdose

In Tschechien beträgt die Netzspannung wie in Deutschland, Österreich und der Schweiz 230 Volt bei einer Frequenz von 50 Hertz. Der europaweit verbreitete runde Steckdosentyp C (sowie F) ist auch in Tschechien Standard.

Telefon und Internet

Die größten **Mobilfunkanbieter** Vodafone, O2 und T-Mobile bieten auch Prepaid-Sim-Karten an. Kaufen Sie eine solche, stellen Sie sicher, dass Ihr Handy nicht von einem anderen Betreiber blockiert ist. In Großstädten wie Prag, Brünn oder Ostrava kann man dank Hochgeschwindigkeitsnetzen problemlos telefonieren und das Internet nutzen. **Breitband-Internet-Anschluss** ist über ganz Tschechien gewährleistet, auch auf dem Land ist die Abdeckung gut. In Tschechien ist **kostenloses WLAN** in Restaurants, Cafés, Kinos, Clubs, Bibliotheken und anderen öffentlichen Einrichtungen weit verbreitet. Einfach den nächsten Ansprechpartner fragen oder auf entsprechende Hinweise mit Passwörtern auf der Menükarte oder an Schiefertafeln oder Ähnlichem achten.

Telefonauskunft
unter der Nummer 1188.
Internationale Vorwahlen
- Tschechien 00420
- Deutschland 0049
- Österreich 0043
- Schweiz 0041

 ## Trinkgeld

Es ist üblich, 5–10 % Trinkgeld zu geben, sofern man mit der Bedienung zufrieden ist. Einige Restaurants im Zentrum schlagen das Trinkgeld einfach auf. Wenn Sie diese Touristenfallen meiden, sind Sie es, der bestimmt, wie viel Sie dem Kellner oder der Kellnerin überlassen. Bei kleineren Beträgen können Sie einfach auf die nächsthöhere Zehnerzahl aufrunden.

 ## Umgangsformen

In Gesellschaft
Tschechien bzw. Böhmen und Mähren war über Jahrhunderte Teil des Habsburgerreiches. Wohl einer der Gründe, weshalb man sich bis heute mit vorangestelltem Titel anspricht. So heißt die Lehrerin »Paní učitelko« (Frau Lehrerin), erst danach folgt der Nachname. Dies

zieht sich samt akademischem Titel durch die ganze Gesellschaft, sofern man sich nicht näher kennt und duzt. Doch bis es so weit ist, können Jahre ins Land gehen. Bei der jüngeren Generation wird diese strenge Formalie nicht mehr so konsequent gehandhabt.

In der Öffentlichkeit
Auch wenn man mit Verallgemeinerungen natürlich vorsichtig sein sollte: Den Prager kann man grundsätzlich als höflichen und zurückhaltenden Menschen bezeichnen – solange man ihm innerhalb eines sozialen Rahmens begegnet. Auf der Straße, in der Bahn oder anderswo im öffentlichen Raum jedoch wäre dies übertrieben. Man ist dort eher kühl und distanziert. Das kann sich aber abends in der geliebten Kneipe nach dem dritten oder vierten Bier schnell ändern.

In der Kneipe
In Bars, Kneipen und Restaurants ist der Umgangston oft etwas ruppiger. Befindet man sich nicht gerade in einer schicken Hotel-Bar, sondern in einer authentischen »hospoda«, sollte man keine Höflichkeitsfloskeln vom Kellner oder Barkeeper erwarten. Mit Tischnachbarn kommt man nicht so schnell ins Gespräch. Es hilft, als Tourist nicht laut, schrill oder fordernd aufzutreten – das mögen Tschechen ganz und gar nicht. Passt man sich der unaufgeregten, bierseligen und gemütlichen Stimmung an, findet man auch besser den Draht zu den Einheimischen. Ist der Kontakt einmal hergestellt, verwandelt sich der skeptische (männliche oder weibliche) Brummbär in einen humorvollen und liebenswürdigen Gesprächspartner.

Unterkunft und Hotels

Prag besitzt zahlreiche Top-**Hotels** mit vier oder mehr Sternen, allerdings variiert der Standard stark. Wenig falsch macht man bei den Ketten internationaler Fünfsternehotels, wo man allerdings tief in die Tasche greift. Im Kommen sind seit einigen Jahren mittelklassige Designhotels im erweiterten Zentrum (siehe S. 84, 95 u. 107). Unter einem Mindestpreis von umgerechnet rund 40 € pro Person und Nacht findet sich in Prag kaum eine Unterkunft, die in Sachen Sauberkeit und Komfort zu empfehlen ist.

Natürlich gibt es auch eine riesige Anzahl an **Privatunterkünften**, zudem sind viele Anbieter auf den Internetplattformen Airbnb oder Homeaway zu Hause. Das bereitet Hotellerie und Politik allgemeines Kopfzerbrechen. Die Wohnungen stehen oft leer und treiben die Mieten in die Höhe – ähnlich wie in anderen beliebten Städtereise-Zielen, etwa Barcelona, Rom oder Berlin.

Eine Alternative im Sommer sind **Campingplätze**. Davon gibt es mehrere in Prag – in der Regel weit außerhalb des Zentrums. Ausnahme ist das kleine sympathische, spartanisch eingerichtete Camp in Žižkov.

■ Prague Central Camp, Nad Ohradou 17, Žižkov, Tel. 776 308 770, www.praguecentralcamp.com

Verkehrsmittel in der Stadt

Öffentlicher Nahverkehr

Die **Prager Verkehrsbetriebe** (DPP) bieten einen zuverlässigen, schnellen Service und günstige Mehr-Tages-Pässe (siehe ADAC Mobil, S. 19). Sich mit Metro, Tram und Bus fortzubewegen, ist mit Abstand am praktischsten, das

Benutzen von Auto oder Fahrrad dagegen weniger zu empfehlen.

■ Dopravní podnik hlavního města Prahy, www.dpp.cz (auch auf Deutsch)

Günstige Radverleihe

An Fahrradfahrer als vollwertige Verkehrsteilnehmer haben sich die Prager noch nicht gewöhnt. Entsprechend gefährlich ist es abseits der wenigen Fahrradspuren.

■ **ČD Bike** Metro-Station Smíchov (Nádraží Praha-Smíchov), Tel. 972 226 143, April–Okt. tgl. 7–20 Uhr, 200 CZK/Tag. Infos zum Fahrradverleih der Tschechischen Bahn: www.cd.cz/de, Link: Weitere Dienste

■ **Okolo** Revoluční 8, Tel. 602 237 270, www.okolo-bikes.cz, April, Mai tgl. 9/10–18/19.30, Uhr, Mai–Nov. So–Fr 9/10–18/19.30 Uhr, 100 CZK/Std., 400 CZK/Tag

Rekola (Bikesharing)

Die leicht erkennbaren rosafarbenen Räder sind mittlerweile in der ganzen Stadt verteilt. Über eine App findet man den nächstgelegenen Standort und erhält einen Code für das Zahlenschloss.

■ www.rekola.cz, 15 Min. frei, dann 24 CZK/45 Min., 8 CZK/15 Min.

Mietwagen

Günstige Autovermieter haben Büros am Flughafen sowie im Zentrum am Wenzelsplatz oder im Hauptbahnhof.

Zollbestimmungen

Reisende aus **EU-Ländern** dürfen Waren abgabenfrei mit nach Hause nehmen. Bürger aus der **Schweiz** nur bis zu einer Höchstgrenze von 300 CHF pro Person. Es gelten jedoch Grenzmengen, die berücksichtigt werden müssen (www.zoll.de, www.bmf.at/zoll, www.zoll.ch).

Die Geschichte Prags

6. Jh. Slawen lassen sich im heutigen Stadtgebiet von Prag nieder.

9. Jh. Die Prager Burg wird vom Přemysliden-Geschlecht gegründet.

11. Jh. Fürst Vratislav II. (ab 1085 König von Böhmen) verlegt seinen Herrschersitz auf den Vyšehrad.

1306 Mit dem Tod Wenzels III. erlöschen die Přemysliden. Durch Heirat mit Wenzels Schwester wird Johann von Luxemburg böhmischer König.

1348 Karl IV. (ab 1355 römisch-deutscher Kaiser) gründet die Neustadt und die erste Universität in Mitteleuropa. Prag wird Zentrum des Reiches.

1357 Mit dem Bau der Karlsbrücke wird begonnen.

1419 Der erste Prager Fenstersturz löst die Hussitenkriege aus. Drei Jahre später wird Jan Želivský, Anführer der radikalen Hussiten, auf dem Altstädter Ring hingerichtet.

1583 Kaiser Rudolf II. aus dem Hause Habsburg verlegt seinen Sitz von Wien nach Prag. Es kommt zu einer Blütezeit der Wissenschaft, Kunst und Kultur.

1618 Der zweite Prager Fenstersturz markiert den Beginn des Dreißigjährigen Krieges. In der Schlacht am Weißen Berg (Bílá hora) 1620 unterliegen die Truppen der böhmischen Stände den kaiserlichen Truppen der Katholischen Liga.

1784 Altstadt, Kleinseite, Neustadt und Hradschin werden zur »Königlichen Hauptstadt Prag« vereinigt.

1848 Nach dem Slawenkongress auf der Sofieninsel (heute Slovanský ostrov) wird ein Aufstand tschechischer Nationalisten von österreichischen Truppen niedergeschlagen.

1918 Im Gemeindehaus (Obecní dům) wird am 28. Oktober die Tschechoslowakische Republik ausgerufen.

1939 Auf der Prager Burg verkündet Hitler am 16. März das Ende der Tschechoslowakei. Das »Protektorat Böhmen und Mähren« entsteht.

1945 Der »Prager Aufstand« endet mit dem Abzug der Wehrmacht am 8. Mai.

1948 »Februarumsturz«: Die Kommunistische Partei übernimmt die Macht.

1968 Truppen des Warschauer Paktes marschieren in Prag ein und beenden gewaltsam den »Prager Frühling«.

1989 An einer Studentendemonstration in der Innenstadt nehmen am 17. November über 15 000 Menschen teil. Die »Samtene Revolution« führt zum Sturz des sozialistischen Regimes.

1992 Die UNESCO erklärt das historische Zentrum zum Weltkulturerbe.

1993 Die Tschechoslowakei löst sich auf, Prag wird Hauptstadt der Tschechischen Republik.

2004 Tschechien wird Mitglied der EU.

Zweiter Prager Fenstersturz 1618

Tschechisch für die Reise

Das Wichtigste in Kürze

Ja/Nein	*Ano/Ne*
Bitte/Danke	*Prosím/Děkuji*
Hallo!	*Ahoj!*
Auf Wiedersehen!	*Na shledanou!*
Guten Morgen!	*Dobré ráno!*
Guten Tag!/Abend!	*Dobrý den!/večer!*
Gute Nacht!	*Dobrou noc!*
Mein Name ist …	*Jmenuju se …*
Entschuldigung!	*Promiňte!*
Achtung!/Vorsicht!	*Pozor!*
Ich verstehe Sie nicht.	*Já vám nerozumím.*
Wie viel kostet das?	*Kolik to stojí?*
Damen	*Dámy/Ženy*
Herren	*Páni/Muže*
geöffnet/geschlossen	*otevřeno/zavřeno*
gestern/heute morgen	*včera/dnes zítra*
Wie viel Uhr ist es?	*Kolik je hodin?*
Bitte, wo ist …	*Prosím Vás, kde je …*
Wie weit ist …?	*Jak daleko je …?*
Führt dieser Weg/die Straße nach …?	*Vede tato cesta/ulice do … ?*
Ich möchte …	*Rád(a) bych …*
Die Rechnung, bitte!	*Účet, prosím!*
Auto/Fahrrad	*auto/kolo*
Tankstelle	*čerpací stanice*
Bleifrei	*natural (bez olova)*
Super/Diesel	*super/nafty*
Panne/Hilfe!	*porucha/Pomoc!*
(Bus-)Bahnhof	*(autobusové) nádraží*
Flughafen	*letiště*
Bank/Geldautomat	*banka/bankomat*
Arzt/Apotheke	*lékař/lékárna*
Lebensmittelgeschäft	*potraviny*

Wochentage

Montag/Dienstag	*pondělí/úterý*
Mittwoch/Donnerstag	*středa/čtvrtek*
Freitag/Samstag	*pátek/sobota*
Sonntag	*neděle*

Monate

Januar/Februar	*leden/únor*
März/April	*březen/duben*
Mai/Juni	*květen/červen*
Juli/August	*červenec/srpen*
September/Oktober	*září/říjen*
November/Dezember	*listopad/prosinec*

Zahlen

1	*jeden, jedna, jedno*	8	*osm*
2	*dva, dvě*	9	*devět*
3	*tři*	10	*deset*
4	*čtyři*	11	*jedenáct*
5	*pět*	12	*dvanáct*
6	*šest*	100	*sto*
7	*sedm*	1000	*tisíc*

Hinweise zur Aussprache

á wie ›ah‹, Bsp.: dálnice [dahlnjitse]

e wie ›ä‹, Bsp.: deset [däsät]

é wie ›äh‹, Bsp.: dobré ráno [dobräh rahno]

ě wie ›jä‹, Bsp: děkuji! [djäkuji!]

í wie ›ih‹, Bsp.: prosím [prossihm]

ó wie ›oh‹, Bsp.: gól [gohl]

ú ů wie ›uh‹, Bsp.: můj [muhj], působí [puhsobih]

ý wie ›ih‹, Bsp.: týden [tihden]

c wie ›tz‹, Bsp.: dvacet [dwatzet], am Wortende wie ›ts‹, Bsp.: pomoc [pomots]

č wie ›tsch‹, Bsp.: číst [tschihst]

ch wie ›ch‹, Bsp.: chodit

ň wie ›nj‹ wie in ›Kognak‹, Bsp.: promiňte [prominjte]

ř etwa wie ›rsch‹, Bsp.: říkat [rschihkat]

š wie ›sch‹, Bsp.: šest [schest]

v wie ›w‹, Bsp.: devět [däwjet]

y wie ›i‹, Bsp.: ryby [ribi]

z wie ›s‹, Bsp.: rozumím [rosumihm], am Wortende wie ›ss‹, Bsp.: vaz [wass]

ž stimmhaftes ›sch‹ wie in ›Genie‹, Bsp.: žádost [schahdost]

Alle Blickpunkt-Themen in diesem Band:

Register

Register

Bildnachweis

Titel: Blick über die Moldau auf die Altstadt Prags. Foto: **Getty Images** (Slow Images)
Rücktitel: links: **Jahreszeiten Verlag** (N. Kriwy); rechts: **Shutterstock.com** (Catarina Belova)

AWL: C. Kober 56 – **dpa Picture-Alliance:** C. Mohr 60 – **Fotolia:** Grafvision 6.2 – **Getty Images:** Lonely Planet Images 12.2; H.-P. Merten 25; M. Maniezzo 117 – **Huber Images:** M. Breitung 17.1; P. Canali 18/19; R. Schmid 31; M. Rellini 46/47 – **Ivan Barta:** 95 – **Jahreszeiten Verlag:** G. Lengler 10.2, 13.1, 17.2, 32/33, 28, 61, 65.5, 66/67, 68, 75; N. Kriwy 13.3, 45.1, 45.3, 49, 77, 90, 97.2 – **laif:** P. Hirth 8/9, 55; S. Staszczuk/Loop Images 59 – **mauritius images:** P. Forsberg/Alamy 11.1, 87.1, 97.1, 97.4, 98, 101, 102/103, 113; E. Gerald/Alamy 11.2; Ivoha/Alamy 12.1; T. French/Alamy 22; S. Kuttig 29; C. Fredriksson/Alamy 36; Alamy 54, 144; AC Manley/Alamy 71; A. to Roxel 72; M. Moxter 79; Azoor Photo/Alamy 81; Profimedia.CZ a.s./Alamy 87.3, 93; A. Eastland/Alamy 100; F. Chmura/Alamy 106 – **picture-alliance:** dpa 74 – **Seasons Agency:** G. Lengler/Jalag 5.2 – **Shutterstock.com:** M. Egenburg 4/5; Jule_ Berlin 5.1; P. Gallo 6.1; K13 ART 6.3; M. Markovskiy 7, 45.2; JeniFoto 9; I. Banaszczyk 10.1; josefkubes 11.3, 88; R. Kudrin 12.3, 89; T. Lehtinen 13.2, 110; M. Ershov 14/15; islavicek 17.3; D. Bond 21; M. Switulski 27; pryzmat 34; C. Belova 38/39, 65.3, 82; Kajano 40; K. Slusarczyk 51; CCat82 53; V. Sazonov 65.1; Pyty 65.2; trabantos 65.3, 87.2; M-SUR 97.3; J. Hanus 105; A. Arika 109.1; ZM_Photo 109.2; O. Deml 109.3; Petr Podrouzek 115; PHB.cz (R. Semik) 118; Anrephoto 119; Rebius 126 – **stock.adobe.com:** CCat82 52; unclepodger 87.4 – **S. Welzel:** 43 – **The Nicholas Hotel:** 63

Impressum

Herausgeber: GRÄFE UND UNZER VERLAG GmbH, Postfach 86 03 66, 81630 München
Leitender Redakteur: Benjamin Happel
Autoren: Stefan Welzel und Franziska Neudert
Verlagsredaktion: Gernot Schnedlitz (verantw.), Nora Köpp, Katja Tegler, Nadia Turszynski
Lektorat: Dagmar Lutz, München
Satz: M. Feuerstein, hefero GmbH, Darmstadt
Bildredaktion: Tobias Schärtl
Schlusskorrektur: Dr. Maria Ponholzer
Reihengestaltung: Eva Stadler
Kartografie: Kunth Verlag GmbH & Co. KG, München
Herstellung: Mendy Willerich
Druck: Drukarnia Dimograf Sp z o.o. (Polen)

Ansprechpartner für den Anzeigenverkauf:
KV Kommunalverlag GmbH & Co. KG, MediaCenter München,
Tel. 089/928 09 60

ISBN 978-3-95689-446-6
1. Auflage 2018

© 2018 GRÄFE UND UNZER VERLAG GmbH, München
ADAC Reiseführer Markenlizenz der ADAC Verlag GmbH & Co. KG, München

Leserservice
adac@graefe-und-unzer.de
Tel. 00800/72 37 33 33 (gebührenfrei in D, A, CH)
Mo–Do 9–17 Uhr, Fr 9–16 Uhr

Bei Interesse an maßgeschneiderten B2B-Produkten:
veronica.reisenegger@graefe-und-unzer.de

GRÄFE UND UNZER

Ein Unternehmen der
GANSKE VERLAGSGRUPPE

Doppelt praktisch – einfach clever!

Unterwegs in Prag

Auf dem Kutter

Neben Ausflugsbooten verkehren in Prag sieben Fähren als Teil des Nahverkehrssystems. Mitfahren auf einem der kleinen Kutter ist ein Erlebnis – und kostet nur den Einzelfahrschein der öffentlichen Verkehrsbetriebe.

■ Details auf S. 79

Standseilbahn

In wenigen Minuten erreicht die kleine Bahn auf den Petřín-Hügel eine der schönsten Grünanlagen der Stadt. Ein Hauch Landatmosphäre in der böhmischen Metropole.

■ Details auf S. 54

Mit dem Fahrrad

Spezielle Wege an der Moldau und in Parks laden zum gemütlichen Radeln ein. Ebenso gibt es geführte Touren – oft mit bequemen E-Bikes. Nicht zu empfehlen ist das Rad als klassisches Fortbewegungsmittel – dafür sind Prags Straßen zu gefährlich.

■ Details auf S. 135, www.prague ebiketour.cz, www.ilikeebike.com

ÖPNV und die Tram Nr. 22

Der öffentliche Nahverkehr überzeugt: Ein enges Netz mit dichtem Takt bringt den Besucher schnell und sicher fast überall hin. Eine alternative Sightseeing-Variante ist eine Fahrt mit der Straßenbahnlinie 22 (S.47).

■ www.dpp.cz – Informationen auch auf Deutsch

Zu Fuß unterwegs

Prag ist eine überschaubare Millionenmetropole und die historische Innenstadt gut zu Fuß erkundbar. Ideal in Verbindung mit einem Drei-Tage-Pass der Verkehrsbetriebe oder der Prague Card (S.19).